Por qué unas tiendas venden y otras no

Por qué unas tiendas venden y otras no

Claves del éxito en *retail*

Luis Lara

Jorge Mas

Prólogo de Álvaro Salafranca

Libros de Cabecera

www.librosdecabecera.com

Barcelona - Madrid - New York

1ª edición: septiembre 2012
1ª reimpresión: octubre 2012
2ª reimpresión: noviembre 2012
3ª reimpresión: enero 2013
4ª reimpresión: febrero 2013
5ª reimpresión: abril 2013
6ª reimpresión: agosto 2013
7ª reimpresión: noviembre 2013
8ª reimpresión: febrero 2014
9ª reimpresión: junio 2014
10ª reimpresión: octubre 2014
11ª reimpresión: enero 2015
12ª reimpresión: febrero 2016
13ª reimpresión: septiembre 2016
14ª reimpresión: noviembre 2016

Rambla de Catalunya, 53, ático
08007 Barcelona (España)
www.librosdecabecera.com

Diseño de la colección: Erola Boix
Editora: Virtuts Angulo
Cubierta: Barreras&Creixell
Maquetación: Barreras&Creixell

ISBN papel: 978-84-940047-8-0
ISBN e-book: 978-84-940047-9-7
IBIC: KJMV7

Depósito Legal: B-14233-2012
Impreso por Arvato Services Iberia S.A.
Impreso en España - *Printed in Spain*

Índice

Prólogo 7
Introducción 11

Parte I: Entendiendo la complejidad del *retail*

1. La importancia del *retail* 25
2. Las claves del éxito y del fracaso 41
3. ¿Por qué unos sitios están llenos y otros vacíos? 49
4. La internacionalización como elemento clave 59

Parte II: El proceso hacia la excelencia en tu punto de venta

5. ¿Qué es el valor en *retail*? 79
6. Las 7 P del *retail* 87
7. Tu plaza única 97
8. Tu producto cautivador 113
9. Tu personal experto 123
10. Tu proceso sencillo 141
11. Tu precio atractivo 153
12. Tu promoción emotiva 161
13. Tu posicionamiento exclusivo 173
14. Valora tus 7 P 179

Parte III: Convierte a tu cliente en vendedor de tu tienda. Hazle *fan número 1*

15. ¿Quién es tu cliente? 183
16. El cliente es el jefe y tú su referente 191

Anexo: Aprendiendo de los mejores

Las historias de los gurús del *retail* 203
Tres casos de éxito 261

Conclusiones 295
Agradecimientos 297
Notas 299

Prólogo

Hace poco me presentaron a Jorge. Él es un gran fan de Starbucks y yo siempre tengo curiosidad por las personas que sienten pasión por lo que hacen.

Nos sentamos en un Starbucks y enseguida conectamos, de esa manera tan innata que se establece entre quienes están llamados a entenderse: Yo le escribiría el prologo que ahora estás leyendo y él colaboraría con nosotros en mejorar y elevar la oferta de *salado* en nuestras tiendas de Barcelona.

Así que, desde aquí, intento contribuir a esta obsesión que tienen Jorge y Luis por el *retail* bien entendido, bien ejecutado y bien comunicado, y como dicen los americanos *to crack the code* –descifrar el secreto– de aquellos que saben crear negocios únicos.

Yo me incorporé al proyecto de Starbucks desde su inicio en España, allá por el año 2003. Abrí el mercado en Francia en el 2004 y en Portugal en el 2008, por lo que mi inmersión en la cultura de la compañía es plena. He disfrutado enormemente estos casi diez años dentro de una compañía humana, inspiradora, apasionada, gestionada por grandes líderes y, al frente de todos ellos, un gran visionario capaz de conectarnos a todos y entender un futuro que a la mayoría de nosotros se nos escaparía.

Quiero compartir con vosotros cuáles son para mi las claves que hacen de Starbucks la empresa que es. Y cómo, sin patentes registradas ni secretos tecnológicos, ha alcanzado tanto liderazgo.

Starbucks es una empresa que, desde sus inicios, define con clara visión qué tipo de compañía desea ser. Busca crear un modelo empresarial diferente, con conciencia social, que le permita reconocer y gratificar a todos aquellos que colaboran en su desarrollo. Desde los *partners* de las tiendas hasta los cafecultores. No entiende el éxito sin ellos. Y más aún, cree que el éxito es mayor si se comparte. Una empresa que se rige no por sus resultados, sino por sus valores y compromisos. Creció con ellos y resultaron de gran ayuda en sus momentos más difíciles: respeto y dignidad, pasión y alegría, comunidad y responsabilidad, autenticidad. Y a través de ellos ha conseguido los resultados que hoy todos conocemos. Un gran activo para cualquier accionista

Starbucks se dedica básicamente al café y al ser humano. Es una compañía que busca el vínculo emocional con sus clientes. Y sabe que esto solo se consigue a través de sus *partners*: «no estamos en el negocio de café sirviendo a personas, sino en el negocio de las personas sirviendo café». Son sus *partners* los encargados de transmitir, cuidar y tener una relación emocional con los clientes. Apasionarlos por el café, ofrecerles una experiencia única y hacer de esta compañía algo diferente. Y es a los *partners*, a los que no deja de reconocer por su esfuerzo, compromiso y dedicación, por enriquecer la experiencia de los clientes en las tiendas, día a día y taza a taza. Sin ellos Starbucks no sería lo que es hoy, e intentamos no olvidarlo nunca.

Pasión por el café y la excelencia de todo su proceso hasta llegar a la taza. En Starbucks es una obsesión poder ofrecer la mejor taza de café posible a través de su cultivo, compra, cata, tueste, almacenamiento y elaboración en nuestras tiendas. Esta obsesión es transmitida a todos nuestros *partners* para que la compartan con sus clientes, a través de la formación y del corazón.

Devoción por sus clientes «no por robarles el bolsillo, sino por robarles el corazón». A este vínculo emocional y pasión por el café, se suma la innovación constante. Así se consigue dar al cliente aquello que no espera y le permite llegar más lejos y conectar más. Sea el *frapuccino*, o nuevas formas de beber el café, o de conectar a través de las redes sociales, o de la manera en que se expresa y diseña sus tiendas, Starbucks es una compañía en constante movimiento y búsqueda que pretende, con un alma sólida, buscar nuevas fórmulas de conectar, a través de sus productos, sus tiendas o su comunidad

Y todo esto va impregnado de autenticidad, respeto, amor por lo que haces, pasión por lo que tienes y transmites, generosidad. Starbucks, en definitiva, quiere tener la misma fuerza que cualquiera de las tiendas que nos enamoran cuando entramos, el amor al detalle, la conexión personal, la experiencia y el conocimiento de lo que tienes, la pasión del artesano dedicado. El esmero por ofrecer un servicio inmaculado. Nuestro reto, transmitir estos valores a 200 000 *partners* que reciben cincuenta millones de clientes a la semana.

Este libro trata de *crack the code* de las tiendas que lo hacen bien. Yo he intentado daros la pista de lo que Starbucks ha hecho. Para el resto tendréis que seguir leyendo.

Al final hay pasión, un sueño, una excelente ejecución y una total dedicación. La generosidad de compartir y grandes resultados.

Os deseo la mejor de las lecturas, con todos sus aprendizajes.

Álvaro Salafranca, Consejero Delegado de Starbucks Spain & Portugal

Introducción

Este libro pretende ayudar a propietarios, gestores y emprendedores a entender cómo funciona el *retail* actual y el del futuro, para que, de esta manera, puedas generar más ingresos y beneficios en tu negocio, ganando la batalla por la supervivencia y asegurando el futuro. Hay libros que hablan sobre *retail*, pero el que tienes en tus manos tiene varias características que lo hacen único:

- Hemos recogido y explicado todas las herramientas, técnicas y *palancas* que se utilizan en la tienda, de una manera muy sencilla y con muchos ejemplos ilustrativos. Todo ello lo hemos ordenado en el método de las 7 P y lo implantamos a partir del XSMARTRETAIL.
- Hemos incorporado una visión del sector a futuro, de manera que podamos intuir qué va a pasar y podamos prepararnos.
- Hemos incluido casos de empresas que han reforzado su modelo de negocio mediante la internacionalización. Vamos a ver qué lecciones podemos aprender de los grandes.
- En el anexo, aunque no menos importante, hemos recogido la esencia del conocimiento de *retail* de una veintena de maestros internacionales del sector y unos casos prácticos de éxito detallados.

El *retail* es un sector con pocas barreras de entrada y con el que mucha gente se *atreve*. En este sentido, queremos que los comercios en general tengan larga vida y sean exitosos, por ello queremos contribuir con nuestra experiencia. Estamos orgullosos de servir a los demás y hacerles más felices, queremos que tú también lo consigas.

Entre la tradición y la modernidad

En este libro se habla de una de las actividades económicas más antiguas: el comercio. En concreto, el comercio al por menor, minorista o también conocido como al detall o detallista. Se trata de todas aquellas actividades comerciales que tienen como referencia el punto de venta físico, la tienda. A lo largo de toda esta obra vamos a usar la palabra *retail* para referirnos a este sector.

Aunque es un sector antiguo y tradicional, hemos de decir que está de moda, puesto que posibilita un contacto directo con los clientes finales, aspecto que no lo permiten otras maneras de venta como la venta al por mayor, mayorista o *wholesale*. Es precisamente por esto, por lo que empresas fabricantes como Apple se pasaron al *retail*: querían conocer de primera mano qué opinaba su cliente, sin intermediarios.

Por otro lado, en el caso de la moda, solo teniendo puntos de venta directos, como Inditex, Mango o H&M, se puede reaccionar rápidamente a los cambios que se producen en el entorno, siempre tan cambiante.

Las marcas

Es importante señalar que en *retail* la marca se puede referir tanto al producto en sí que se vende en la tienda (por ejemplo, vendemos perfumes marca Guerlain), como a la propia *fórmula comercial*, que consiste en haber concebido un espacio y concepto de venta con unas características muy especiales y diferenciadas que hacen que los clientes lo prefieran para comprar a otros puntos de venta. Por ejemplo, Sephora, que es un concepto de perfumería multimarca, donde podemos comprar Guerlain y cualquier otra marca de perfume, además ha desarrollado su propia línea de productos Sephora.

Otro ejemplo: Zara nunca fue considerada marca, sino más bien un concepto de *retail* que significaba moda, rápida, a buen precio y en un entorno de tienda cada vez más sofisticado, que no tiene nada que envidiar a ciertas marcas de lujo. ¿Qué ha ocurrido con el tiempo? Que se ha convertido en marca, con mayor o menor fuerza dependiendo del país. En algunos de ellos, Zara tiene tanta fuerza que el cliente local desearía que el logotipo estuviera de manera destacada en prendas de vestir y accesorios.

En los próximos diez años el mercado del *retail* va a cambiar de manera profunda. El ritmo del cambio se acelera y, para sobrevivir, la tienda tendrá que convertirse en marca. Una marca fuerte puede hacer que se diferencie claramente de la competencia.

Ahora que los conceptos de tienda se están convirtiendo en marcas de por sí, es posible que se produzca una batalla entre las marcas de los fabricantes y los *retailers*. Ambos intentarán conquistar un hueco en la mente del consumidor y es obvio que los *retailers* juegan con ventaja, pues tienen el contacto directo con el consumidor final.

Adaptarse o morir

Un 80% de las nuevas tiendas que abren cada año acaban cerradas a los cinco años. Esto significa que solo el 20% de las mismas tendrá éxito. En el caso de grandes cadenas de *retail*, internacionalizadas desde hace tiempo, los errores de ubicación o de concepto son menores. A pesar de que cierran tiendas, suelen compensarlo con nuevas aperturas.

Los tiempos de cambios e incertidumbre han acelerado el proceso de cierre de tiendas en muchos casos. Se estima que antes de 2020 se habrá perdido casi la mitad de la base comercial –número de tiendas– que había en 2005. Esto significa que aquellos que hagan bien su trabajo tendrán más probabilidades de sobrevivir durante la incertidumbre y se encontrarán, al final de la *travesía del desierto*, con la mitad de competencia.

Los autores nos consideramos tenderos, o *retailers*, siguiendo la terminología actual. Por razón de nuestro trabajo, hemos caminado calles y centros comerciales de muchos países, visitando y analizando infinidad de tiendas. Nos entristece ver cómo tantas tiendas abren y, en poco tiempo, se ve que las cosas no van bien y su desenlace será fatal. No somos adivinos, pero el mundo comercial en general, y el del *retail* en particular son muy visibles. Con los años hemos llegado a ciertas conclusiones que queremos compartir.

Es el pasado pero es el futuro: muchas empresas evolucionan al *retail*, como hemos explicado. Es fundamental saber qué es saber vender en las tiendas para *retailizar* la empresa e impulsarla comercialmente.

La complejidad del *retail*

El sector *retail* tiene una estructura muy compleja. Incluye desde los grandes almacenes (El Corte Inglés, por ejemplo), a las grandes cadenas especializadas (Zara, Sephora, Decathlon, etc.) y las tiendas independientes (multimarcas o monomarcas en todos los sectores). Técnicamente, también se incluyen fórmulas comerciales muy variopintas: máquinas expendedoras, cooperativas de consumo, venta a distancia o las múltiples formas de venta de productos de alimentación (hipermercados, supermercados, cadenas *discount*, etc.).

En este libro vamos a tratar el *retail* en sentido amplio, sin centrarnos en ninguna de las posibles fórmulas comerciales, y tratando siempre de sacar conclusiones que se apliquen a cualquier negocio. Hablaremos de marcas muy conocidas, de fórmulas de éxito internacionalizadas, y también de conceptos más locales. A lo largo de este libro vamos a aprender de todos ellos. Y lo más importante, vamos a saber por nosotros mismos por qué unas tiendas están llenas de gente y otras vacías.

España, país de tenderos

Hace un par de siglos, Napoleón se burlaba de Inglaterra diciendo que eran un país de tenderos y que no podía ganar en la guerra contra Francia. También desde España se miraba con desdén a los Estados Unidos, hacia 1898, cuando empezó la guerra por Cuba y Filipinas. Según los españoles, los estadounidenses eran un país de tenderos que huirían antes de entablar combate. En ambos casos, los países de tenderos ganaron la guerra a los que presumían de no serlo. Dos siglos después, el Reino Unido y los Estados Unidos siguen siendo *retailers*. El comercio es uno de sus puntos fuertes.

La noticia es que en los últimos veinte años, España se ha convertido también en un país de tenderos. Lo es, desde el punto de vista cuantitativo, por su importancia en la economía nacional, y cualitativamente, por haber lanzado al mercado conceptos innovadores, diferenciados y que funcionan muy bien operativamente.

Ello ha hecho que en calles comerciales tan señeras como Regent Street (Londres), sea España el *tercer país* en número de marcas presentes, tras el Reino Unido y los Estados Unidos, y por delante de Italia, de Francia o de Suecia. Los operadores de centros comerciales y los propietarios de locales, como es el caso de la Crown Estate, entidad que representa a la Corona británica y propietaria de Regent Street, seleccionan con mucho cuidado las marcas que pueden estar en esta *calle escaparate global*, que es visitada por millones de turistas de todo el mundo. De hecho, personalmente hemos podido escuchar de la Crown Estate que quieren tener más marcas españolas, por lo que representan en cuanto a garantía de éxito, creatividad, buena gestión y adaptación al mercado. Siempre preguntan si hay nuevas marcas españolas emergentes o consolidadas que estén preparadas para salir fuera de España y abrir sus primeras tiendas en calles como Regent en Londres y otras.

Igualmente, si salimos de los grandes mercados del *retail*, y nos focalizamos en los países emergentes, donde la manera más habitual de entrar suele ser la franquicia o la empresa conjunta –*joint venture*–, los grandes grupos también demandan marcas españolas. Por ejemplo, en los países árabes hay empresas especializadas en *retail* de moda que buscan de manera activa marcas españolas, por la buena acogida que tienen en esos mercados. Cuando se ha de hacer la presentación de una nueva marca en centros comerciales como The Dubai Mall y otros de la región, el hecho de que sea una «marca española» suele ser garantía de valores que garantizan el éxito en cuanto a: moda rápida, creatividad e innovación, saber escuchar al mercado, humildad en replantearlo todo y saber cuándo hay que cambiar, etc.

De esta manera, hemos pasado de ser un país que apenas destacaba internacionalmente a nivel empresarial, y que incluso rehuía la actividad comercial, a ser reconocido por conceptos de *retail* que triunfan en las calles comerciales de medio mundo. Somos, por tanto, un país donde encontramos probablemente los mejores tenderos del mundo.

Inditex y sus marcas (Zara, Pull & Bear, Massimo Dutti, etc.), Mango, Desigual, Camper, Women'Secret, Pronovias, Rosa Clará,... Son muchas las marcas españolas que nos podemos encontrar en cualquier país del mundo, con tiendas *flagship* que son verdaderas embajadas comerciales de nuestra manera de hacer las cosas. La marca España en *retail* sigue, hoy en día, tan fuerte como hace unos años.

Líderes en *fast fashion* y otros sectores

El *fast fashion* es, sin duda, en el sector de la moda, el modelo productivo de mayor éxito en los últimos años. Este concepto consiste en fabricar y llevar a la tienda productos de tendencia en el menor tiempo posible. Las empresas de moda rápida han conseguido adelantarse en el mercado a otras tradicionales, acortando los tiempos de llegada de cada ciclo de moda a los puntos de venta y, por tanto, aportando constantemente nuevos modelos a los clientes, en lugar de temporada a temporada.

El modelo de producción *fast fashion* tiene su origen en Italia, según algunos autores. Sin embargo, fue Zara quien lo ha aplicado con éxito y llevado a más de ochenta países. El modelo Zara de negocio se estudia en universidades de prestigio mundial[1]. Geográficamente, el origen del *fast fashion* español está en la localidad de Arteixo (A Coruña). Allí, a mediados de los 80 se perfeccionó, con la ayuda de la metodología de Toyota en fabricación, el modelo de respuesta rápida en moda que ya venía trabajando Benetton (*tinto in capo*), que hacía que las prendas se produjeran en color crudo y se tiñeran en el último momento, según las tendencias de mercado.

En la década de 1980, Benetton abría con mucho éxito tiendas por medio mundo con su sistema de franquicia, mientras que Zara estaba ocupada en probar su modelo de negocio en el mercado nacional. Ya pensaba en la expansión internacional, que culminaría en 1988 con la apertura de una tienda en Oporto, otra en 1989 en Nueva York y en 1990 otra en París. En la década de 1990, Inditex aceleró en la expansión internacional de sus enseñas (Zara, Pull & Bear, Massimo Dutti, Bershka, Stradivarius,...), con un modelo muy sólido de implantación: tienda

1. *Fast Fashion*: Caso preparado por los Profesores Pankaj Ghemawat y José Luis Nueno. Universidad de Harvard / IESE. Febrero de 2003

propia de manera prioritaria y franquicia allá donde por razones legales o culturales no sea posible la apertura de filial 100% propiedad de la empresa.

La rápida expansión de Inditex por todo el mundo ha hecho que muchas otras empresas como la propia H&M o Gap se vean obligadas a introducir en su modelo de negocio el *fast fashion*: un porcentaje relevante de producción en proximidad que permita una reacción rápida a cambios en la moda o para conseguir una adaptación especial a ciertos mercados.

Un estudio de la consultora Bain & Co. ha señalado el extraordinario crecimiento de las empresas que han adoptado el modelo *fast fashion*. Ya en 2007, por cuotas de mercado este era el ranking:

País	***Fast fashion***
España	20%
Italia	20%
Reino Unido	12%
Francia	8%
Alemania	5%

Fuente: Bain & Co. 2007

Este modelo *fast fashion* ha ayudado, sin duda, a la rápida expansión de Inditex en todos los mercados internacionales en los que se ha introducido. Su llegada a cada mercado es recibida con grandísima expectación por parte de clientes y prensa especializada.

Además de la moda rápida, España destaca en sectores concretos como la moda nupcial. Este negocio alcanzó en 2010, según un informe elaborado por la consultora Deloitte, un volumen de negocio de 1300 millones de euros. Además, en 2011 consiguió elevar sus exportaciones un 12,5%. Las ventas al extranjero de moda nupcial española ascendieron ese año a 341,76 millones de euros. El incremento representa un salto sustancial respecto al de 2010, cuando las exportaciones se elevaron un 0,45%.

España cuenta con algunas de las principales empresas del mundo en moda nupcial. Pronovias, líder del mercado español, es también una de las empresas líderes mundiales. La empresa número dos del sector es Rosa Clará, que cuenta también con una amplia y creciente presencia internacional.

Retailización: cómo puedo aplicar las técnicas de *retail* a mi empresa

¿Qué podemos aprender de los maestros del *retail*? ¿Qué lecciones puede aplicar el pequeño comerciante o el emprendedor?

En un contexto en el que se valora la economía real o productiva frente a las actividades puramente especulativas que no aportan tanto valor de manera permanente, el comercio es quizás el mejor exponente de un sector que genera valor y que por ser muy visible para cualquiera, permite sacar conclusiones que se puedan aplicar a cualquier empresa, sea o no sea de *retail*.

El *retail* impacta en nuestras vidas. Todos compramos, aunque sea con diferentes niveles de implicación, atención y pasión. En nuestra vida vamos teniendo experiencias de compra de todo tipo, desde que somos pequeños y acompañamos a nuestros padres, hasta que somos adultos y decidimos por nosotros mismos.

En nuestra conducta de *retail*, vamos adoptando las tiendas que consideramos nuestras favoritas y vamos desertando de las que pensamos que no ofrecen una propuesta comercial interesante. Sin querer, de manera muchas veces inconsciente, vamos haciendo nuestro análisis de propuesta de valor y vamos *votando* con nuestras carteras, de manera que con cada decisión de compra estamos marcando el futuro comercial de una tienda o cadena de tiendas.

Lo mismo pasa en todas las empresas: deben tener una clara vocación comercial, de mercado. El análisis que hagamos de nuestra empresa nos va a servir para aplicar las técnicas que utilizan empresas punteras de *retail*, aunque nuestra actividad no sea específicamente comercial o tenga actividades de tienda. Es lo que llamamos *retailización* de la empresa.

¿Qué encontrarás en este libro?

Hemos recogido nuestra experiencia acumulada acerca de cómo leer una tienda, saber entender las claves de su funcionamiento y, por tanto, las teclas que se deben tocar para conseguir el éxito. Aquí te lo resumimos:

Parte I: Entendiendo la complejidad del *retail*

En este apartado vamos a fijarnos en las claves de las empresas que han alcanzado un nivel de excelencia en todos los sentidos. Diseccionaremos juntos su modelo de negocio para poder analizar parte por parte y ver de qué manera podemos aplicar sus claves a nuestra empresa. Veremos la importancia que tiene tener la perspectiva internacional, casi desde el momento que nace un negocio.

Parte II: El proceso hacia la excelencia en tu punto de venta

Aquí introduciremos el concepto de las 7 P (Plaza, Producto, Personal, Proceso, Precio, Promoción y Posicionamiento) y te ayudaremos a aplicarlo, es decir, aprenderemos cómo se genera valor en este sector y cómo se puede implementar al análisis de nuestra tienda o empresa.

De esta manera, veremos la importancia cada vez más determinante del espacio en el que se encuentra la tienda; la importancia de contar con un producto o servicio realmente innovador o diferenciado; la clave del personal, bien formado y motivado; la necesidad de tener procesos sencillos para facilitar la experiencia de compra y favorecer la expansión; la importancia del precio y su fijación; cómo promover y posicionar nuestro negocio.

Parte III: Convierte a tu cliente en vendedor de tu tienda. Hazle *fan número 1*

¿Alguna vez te has puesto en la piel de tu cliente? Al fin y al cabo nosotros también somos clientes, y al ser profesionales de la empresa, del *retail*, lo examinamos todo con un mayor detenimiento y crítica. En este apartado vamos a darte el esquema a seguir para convertir a nuestros clientes en los fans número 1 de nuestro negocio y a ser su referente indiscutible. Todo esto lo ilustraremos con muchos ejemplos.

Anexo: Aprendiendo de los mejores

Hemos recopilado las historias y las frases más relevantes de los 20 mejores maestros del *retail*. Líderes internacionales que han ido cambiando las reglas de juego. Finalmente, presentaremos tres casos de éxito a nivel internacional, que nos permitirán ver claramente lo que te hemos expuesto a lo largo de esta obra.

Al final del libro hemos reservado un espacio de notas, que te servirá de verdadero cuaderno de campo para que tomes notas durante el estudio y mejora de tu negocio.

Parte I

Entendiendo la complejidad del *retail*

1. La importancia del *retail*

El sector comercial

Según el Instituto Nacional de Estadística (INE), el sector del comercio en España suponía en 2010 un 14,6% del Valor Añadido Bruto (VAB) del sector servicios y un 10,4% del total nacional, constituyendo el sector más importante de la economía española después del turismo, y empleando a más de 2,5 millones de personas. Ya no se compone tanto de pequeñas empresas, sino de gigantes comerciales españoles y extranjeros que abren múltiples tiendas en nuestras calles y *malls* –centros comerciales–, acercando las mismas propuestas comerciales a múltiples ciudades del mundo.

En las principales economías mundiales el sector comercial y, en concreto el de *retail* –comercio de venta al detalle–, constituye una de las espinas dorsales de la estructura económica del país. Visto desde otra perspectiva, el *shopping* –ir de compras– es además, un elemento fundamental a la hora de considerar el atractivo comercial de un país para el turismo y las visitas de negocio. Es, por tanto, un sector estratégico en esta sociedad de la primera mitad del siglo XXI.

El *retail* es, en definitiva, un tipo de negocio que todos podemos llegar a conocer, puesto que cada día y en cualquier momento utilizamos los servicios de las tiendas, sean de alimentación, de moda, para comprar tabaco, o en compras de bienes de inversión. Las claves del buen funcionamiento de los establecimientos comerciales pueden, por tanto, ser estudiadas y aplicadas a otros negocios, sean comerciales y de *retail*, o no.

Como hemos señalado en la introducción a este libro, un 80% de las nuevas tiendas que abren cada año acaban cerradas a los cinco años. Además, en pocos años, las que sobrevivan se encontrarán con la mitad de competencia. Esto también va a pasar en otros sectores económicos durante los próximos años y tenemos que estar preparados para ello.

El mercado sigue ahí, con los mismos consumidores, en mayor número, en nuestro mercado local y en el gran mercado que es hoy el mundo. Un pastel cada vez más grande y al que es más difícil de hincarle el diente.

Mirando al futuro: los próximos veinte años

Hacia 2030 nuestra competencia será hiperglobal. Habrá más operadores internacionales presentes en cada mercado, y más fuertes, surgidos de la lucha darwiniana por la supervivencia de marcas y tiendas, tras un período muy duro de ajuste en esta primera parte del siglo.

Las marcas más fuertes serán, por tanto, verdaderamente globales. Habrán demostrado tener una propuesta de valor que cruza todas las fronteras, lo que reforzará su modelo de negocio y lo hará inmune a futuras crisis. No sabremos realmente la procedencia de muchas marcas ni los conceptos de tienda, pero nos gustarán por:

- su propuesta de valor creativa,
- la calidad de sus productos,
- la amplitud de su oferta,
- su servicio impecable o
- el precio irresistible

Estas tiendas supervivientes y fuertes se caracterizarán por los siguientes atributos:

1. **Las históricas.** Tienen un alto componente nacional, representantes habituales de los países tradicionalmente más fuertes en comercio (Estados Unidos, Alemania, Japón,

Francia,...), seguirán teniendo mucho éxito en todo el mundo. Un porcentaje mayoritario de sus ventas se realizará en mercados que hoy calificamos de emergentes –Brasil, Rusia, India y China (BRIC); Oriente Medio; Asia; e incluso ciertas partes de África–. Sus mercados de origen dejarán de ser clave en sus resultados.

❷ **Las adaptadas al contexto local.** Habrá otras empresas que sobrevivirán tras encontrar su fórmula adaptada a un país, región o ciudad, con un modelo de éxito hiperlocal y sirviendo a pequeñas comunidades de clientes locales. Sus expectativas de crecimiento serán menores que las de las grandes marcas y, su gestión-propiedad será, en la mayoría de los casos, muy próxima al terreno.

❸ **Las que apuestan por la diferenciación.** Por otra parte, muchas marcas y tiendas que tuvieron ambiciones globales, se reinventarán volviendo a sus orígenes. Renunciarán a ambiciones globales, harán una reducción de tamaño y reconocerán que solo pueden sobrevivir en uno o varios países. Optarán por tener pocas tiendas y rentables, pero con una propuesta de negocio muy diferenciada.

Inditex: ¿moda gallega, española, internacional?

En Inditex, por ejemplo, nunca ha gustado que se identificara a Zara como «moda gallega», término muy en boga en la época de plena expansión de la empresa por España, ni como «moda española» cuando se abrían muchas tiendas en nuevos países cada año. Amancio Ortega ha tenido siempre claro desde un principio que Zara y el resto de conceptos de *retail* que han ido surgiendo dentro del grupo Inditex representan «moda», que hoy es global, sin poner etiquetas que limiten o empequeñezcan su oferta.

En la década 2020-30 habrá muchas marcas y cadenas de *retail*, hoy aún fuertes, que habrán desaparecido completamente. ¿Las echaremos de menos? Muchas, existirán solo como sombras de lo que fueron o adoptando múltiples formas con licencias que los nuevos propietarios habrán dado como manera de sacar ingresos a toda costa.

Muchas de estas empresas habrán caído en manos de nuevos dueños (chinos, indios, brasileños,...) y surgirán en países emergentes marcas y conceptos de *retail* que nacerán ya internacionales. La única manera de sobrevivir en un mundo que estará totalmente globalizado será adoptar una imagen mundial de manera que el cliente de Barcelona, Buenos Aires, Bogotá, Baltimore, Bangalore o Bali, no identifique como moda china o brasileña,... a esas nuevas tiendas. Puede que las nuevas capitales de la moda estén en los países BRIC, como China e India para Asia o Brasil para toda América.

Por otro lado, como consecuencia de ese cliente cada vez más exigente, muchas marcas entrarán en la política de precios bajos como manera de sobrevivir. El *low cost* es un concepto de *retail* donde la marca es lo de menos y lo que predomina es el producto a bajo precio. Hasta ese momento el *low cost* estaba vedado a las marcas.

Hasta hace poco, solo los *retailers* y las marcas sabían lo que costaba cada producto fabricado en Europa, Estados Unidos o bien en Asia. El margen que cada uno aplicaba dependía del valor de la marca que cada uno decidiera aportar y que su mercado aguantara... Ahora, el cliente sabe que un producto hecho en Asia «no puede valer más de...». El consumidor que vea la etiqueta *Made in China* no querrá pagar en exceso, aunque los costes de producción en China se hayan disparado.

Otras marcas que intenten cobrar un sobreprecio por serlo, y que no ofrezcan ni un histórico de artesanía, diseño, buen hacer, etc., tenderán a ir desapareciendo, o bien sobrevivirán en una versión mucho más reducida, esperando tiempos mejores, o bien estarán camino de replantearse su futuro.

Retail: evolución 2000-2010-2020

Vamos a hacer un ejercicio de prospectiva para ver cómo será el cliente de 2020. Es el momento de prepararnos para ello. Parece una fecha todavía lejana, sin embargo deberíamos fijarnos ya en ese horizonte temporal para preparar nuestras tiendas.

Antes de hablar del cliente de 2020, vamos a ver la evolución que este ha tenido desde principios de siglo. Nos vamos a fijar primero en cómo era el *cliente 2000*, para luego ver la foto de lo que era el *cliente 2010* y hacer una estimación de lo que puede ser el *cliente 2020+*. Observaremos que hay características que surgen durante el nuevo siglo que se van reforzando con el tiempo.

El *consumidor 2000*: global, conectado y rico

El advenimiento del nuevo siglo trajo muchas transformaciones sociales, políticas y, sobre todo, tecnológicas –nos referimos al campo de internet y las telecomunicaciones–, que hicieron que en pocos años, el consumidor de cualquier rincón del mundo tuviera acceso a la información de cualquier marca, producto o tendencia de consumo sin necesidad de desplazarse físicamente.

El consumidor de principios de la primera década de 2000 se envolvió en el siguiente contexto:

1. **Gran cantidad de opciones,** que se multiplican cada año: cada vez más, se le ofrecen marcas, modelos, variantes, posibilidades vitales (viajes, electrónica de consumo, etc.) en las que emplear su tiempo y dinero.

2. **Sobreinformación:** no falta información sobre las opciones del mercado. A un solo *click* se hallan los datos sobre cualquier marca, producto, tendencia de moda,...

3. **Globalización:** en los primeros años del siglo el consumidor se dio cuenta que el mundo era realmente global, y que las modas y los gustos –con contadas excepciones– variaban cada vez menos a nivel mundial. La sensibilidad del consumidor se fue homogeneizando, gracias primero a fenómenos como la cadena de televisión musical MTV y rematado luego con internet. Ello explica el éxito de la expansión internacional de conceptos como Zara o H&M, donde la adaptación local es pequeña.

4. **Menos tiempo e intrusión del trabajo en el tiempo libre:** reducción del tiempo para todo, también para comprar, debido a la complejidad del trabajo, que en vez de reducir las horas del mismo con las nuevas tecnologías (internet, smartphones,...), amplió el horario laboral quitándoselas al ocio, y convirtió cualquier lugar en una extensión del puesto de trabajo.

5. **Alto nivel de gasto... y de deuda:** el cliente recurrió en exceso al crédito para gastar, ayudado por el *efecto riqueza* que generaban, en algunos casos, sus inversiones en bolsa e inmuebles en los años de expansión económica. Es un consumidor que, en general, se dedicó a gastar por encima de sus posibilidades y que con el *crash* económico de 2008, se vio obligado a aterrizar y gastar mucho menos que en los años de bonanza.

El *consumidor 2010*: del efecto riqueza al efecto pobreza

El consumidor que encara decidido la segunda década del siglo, es una evolución del *consumidor 2000*, con el que comparte los puntos señalados anteriormente, pero que ha sufrido varias mutaciones en su personalidad consumidora como consecuencia de la crisis empezada en 2008.

Se ha pasado de un consumidor optimista, animado por el efecto riqueza de sus inversiones, a un consumidor pesimista que teme por su seguridad económica. Piensa que no va a recuperar el valor esperado de las inversiones realizadas en tiempos de bonanza y por ello le angustia el efecto pobreza, que refuerza aún más la tendencia al ahorro y a la cautela en el gasto.

1. **Es un consumidor que se ha visto obligado a hacer un profundo cambio de hábitos.** Según varios estudios sobre este cliente, aproximadamente dos tercios declaraban haber cambiado sus hábitos de consumo.
2. En concreto, varios estudios señalaban que el consumidor declaraba **gastar menos en ropa y en marcas.**
3. **Se ha reducido el porcentaje de la renta disponible para gastar y la tasa de ahorro ha aumentado a niveles nunca vistos** (del 4% en 2005 al 13% en 2012), por lo que pueda pasar en el futuro.
4. **Se aumenta el número de visitas a las tiendas.** El consumidor quiere seguir saliendo como antes a ver tiendas, pero no se siente comprometido y prefiere mirar y buscar la mejor opción, el mejor momento («quizás haya pronto promociones», «me esperaré a la rebajas»,...) o el mejor medio («buscaré por internet el mejor precio»,...)
5. Consecuencia de la anterior, **muchas tiendas han reducido el ticket medio y las unidades por transacción.** Además, se han visto obligadas a reducir y optimizar la inversión en *stock*, y aumentar las promociones y rebajas, superando en muchos casos las líneas rojas de pérdida de rentabilidad.
6. **Rápida pérdida del valor relativo de las marcas.** El año 2011 se publicó el estudio *Brand Sustainable Futures* que revelaba que solo el 33% de las marcas se consideran relevantes para

la mayoría de consumidores. En otras palabras, que muchos de nosotros podemos vivir perfectamente sin dos tercios de las marcas actuales porque han dejado de significar algo para nosotros.

Muchas más marcas van a ir desapareciendo o bien reducirán su tamaño de manera que algunas vuelvan al origen, como marcas de nicho, o incluso renazcan solo para algunos países.

Marcas en desaparición

Pensemos en el mundo de la moda, con la gran cantidad de marcas y submarcas, y las que han ido surgiendo año tras año:

- Burberry eliminó su marca Thomas Burberry porque no acabó de despegar,
- Dolce & Gabbana hicieron lo propio con D&G,
- Dentro de unos años, ¿seguirán existiendo muchas de las marcas que hoy vemos en los centros comerciales?

7. **Auge del producto frente a las marcas.** Consecuencia de la pérdida de valor de las marcas, se ha producido el auge de los productos.

Estos cambios, ¿serán permanentes? Es una pregunta muy difícil de responder. Habría que preguntar a filósofos, sociólogos, antropólogos o historiadores para que nos ayudaran con el conocimiento que tienen de las razones del comportamiento del ser humano a lo largo de la historia.

En momentos de cambio, en los que es tan difícil predecir nada, podemos apuntar razones a favor de la permanencia de los nuevos comportamientos del consumidor y otros argumentos que hagan intuir su temporalidad:

- Los que creen que **estas tendencias serán permanentes**, apuntan el hecho de que el crédito no volverá a ser fácil como lo ha sido durante años. Por otro lado, señalan que se ha producido un cambio de hábitos del cliente, que está haciendo que modifique sus valores. Sabemos que cuando pasamos de los hábitos a la interiorización como valor, es más difícil que se vuelva a cambiar...

- Por otro lado, hay autores que señalan que la historia del ser humano es cíclica y que se repite, y por lo tanto **volveremos al hiperconsumo**. De igual manera que en la Bolsa ha habido grandes crisis, como la del 1929, que hicieron que se pensara que nunca más se volverían a repetir los fenómenos de crédito fácil y especulación que la ocasionaron, en el mundo del consumo puede pasar exactamente lo mismo. Tras unos años de austeridad, volverán los tiempos de la exhibición, del despilfarro, etc.

A esto ayuda el pensar que en nuestro mundo las tendencias señaladas hacia la austeridad no son totalmente uniformes. Hay partes del mundo, básicamente los mercados emergentes, donde los clientes siguen gastando en moda y lujo como si no hubiera crisis...

Consumidor 2020+: en busca del agente doble

El *consumidor 2020+* será una evolución de las dos tendencias que hemos señalado anteriormente para 2000 y 2010. La confluencia del cliente global y conectado que empieza a cobrar fuerza a comienzos de siglo, junto con el cliente angustiado por la crisis de la segunda década. Esta evolución generará una mutación más que generará un consumidor cada vez resistente a los encantos de las marcas:

1. **Habrá más de un tipo de consumidor.** Compartiendo características que los unen, los consumidores estarán cada vez más fragmentados en múltiples tipos.

❷ **Además, será mucho más sofisticado que el *consumidor 2010*.** Sin necesidad de viajar, tendrá acceso a todas las marcas y tendencias del mundo. Convivirán muchas tendencias a la vez y se sucederán con mayor rapidez.

❸ **Será más mayor**, de media.

❹ **Querrá pagar aún menos.** Amplias capas de la población tendrán menos acceso al crédito y dedicarán menos a compras de impulso y más a lo que consideren inversiones como viajes, o gastos para el hogar. Además, exigirán mucho más por menos. No nos referimos solo a que busque ofertas tipo «Llévese 3 y pague 2», si no que querrá que cada producto que compre tenga mayor contenido de moda, dure más, se le atienda mejor, etc. por el mismo o menor precio. Va a exigir mucho más por lo que paga, *aunque pueda permitírselo*. Veremos cada vez más que lo «inteligente» será pagar menos por ciertos productos, porque con la información de que se dispondrá nadie estará dispuesto a pagar más. El cliente se aprovechará de la fragmentación de tarifas: ya no habrá precios fijos para los productos.

Amazon hace la guerra a los comercios tradicionales

La tienda de comercio electrónico Amazon lanzó una aplicación -Amazon's Price Check- que permite a los clientes escanear con su *smartphone* en las tiendas los productos y buscar *online* el precio más barato. Además, Amazon concede de manera inmediata un descuento del 5% sobre los productos comprados *online* que han sido escaneados previamente en una tienda. Esta aplicación está volviendo locos a los retailers tradicionales -*brick and mortar*- por su capacidad devastadora para que millones de clientes se lancen a las tiendas para escanear productos que quieren y que finalmente lo comprarán más barato *online*.

5. **El cliente pasará de ser rey a ser dictador...** Se dependerá tanto de él que incluso en algunos casos pasará a formar parte del equipo de diseño o incluso de dirección.... Se contará con el cliente final de igual manera que se hace cuando los equipos de fútbol hablan del jugador número 12.

   Como consecuencia de todo esto, la comunicación de las marcas se tendrá que volver mucho más sutil para que entre por los sentidos del *consumidor de 2020+* y llegue a la centro de decisión del mismo.

   La hiperinformación y la hiperconexión entre consumidores unidos en múltiples redes sociales hará que el consumidor sea más agudo en su búsqueda de lo mejor para satisfacer sus muchas necesidades. Algunos de ellos serán verdaderos emperadores de opinión, altamente respetados en sus círculos sociales y con poder para influir en el consumo.

6. **Muchos de estos consumidores harán de agentes dobles de las marcas,** actuando como interesados líderes de opinión para las redes de las que participen. El consumidor buscará, de una manera más clara que la actual, la opinión de sus pares, es decir, el resto de consumidores. Sus opiniones serán cada vez más valoradas, frente a las de las marcas, que adoptarán múltiples formas para vestir sus estrategias de comunicación como opiniones sociales y de estilo de vida.

7. **El lujo y la calidad.** Lo que hoy se considera lujo, se seguirá vendiendo, y mucho, pero se hablará menos de lujo y más de los atributos de calidad, artesanía, la tradición,... que los caracterizan. Por otro lado, se buscarán los pequeños lujos. El cliente, tan atento a pagar menos por todo y sacar el máximo, se dejará llevar para premiarse periódicamente en lo que considera un lujo. Un buen pan, un buen vino, una experiencia auténtica, etc.

8. ***High-tech / high-touch.*** Cuanto más tecnificada sea la relación del cliente con el mundo del consumo, más se buscará el toque artesano que personalice el producto o bien un servicio al cliente excepcional, a la antigua usanza. En este sentido, cobrarán importancia los protocolos de atención al cliente. Ir a la tienda tendrá cada vez más un valor experiencial, que buscará hacer respirar por los cinco sentidos lo que la marca representa.

¿Tiene futuro el *retail*?

Una de las grandes cosas que tiene el *retail* es su inmediatez. Se pone el producto en los expositores de venta, a un cierto precio, y en un cierto momento del año, y al poco tiempo de abrir la tienda, el *retailer* puede empezar a hacerse una idea de si se han tomado las decisiones adecuadas sobre ese producto o servicio. En el mundo del *retail* no hay que esperar años para entender por qué algo funciona o no. En muchos casos, se han hecho fortunas en breves plazos de tiempo, gracias a esos miles y miles de decisiones que toman los clientes cada día cuando entran en las tiendas.

El *retail* nos enseña a prestar atención a todas estas cosas –*retail is detail*– que hacen que algo funcione o no. Va más allá que el análisis de las cuentas de resultados y el seguimiento pormenorizado de las cifras de ventas. Es por ello, por todos los detalles que hay que tener en cuenta, por lo que el *retail* es un sector duro y muy exigente. Aunque, por otro lado, en realidad es muy sencillo. En el mundo de las tiendas todo es visible y se trata de cuidar bien los puntos de venta y los clientes. ¿Fácil, no? En realidad, es un trabajo muy complejo, pues por la naturaleza del negocio, el *retailer* tiene que tomar muchas pequeñas decisiones cada semana, y unas pocas grandes decisiones. Ello hace que en este sector cueste mucho pensar en los próximos cinco años, por ejemplo, porque gestionar el día a día hace que se consuma mucho tiempo.

Alguien dijo que ser tendero es «mirar tres meses hacia atrás, para analizar qué vendió y qué no, y una hora hacia delante». Es por ello que muchas empresas de *retail* pierden la perspectiva de su negocio, que campaña tras campaña se dirige hacia el precipicio.

El mundo de los tenderos es el pasado y también es el futuro: muchas empresas tendrán que evolucionar y dominar el *retail*. Aquellas marcas que no desarrollen su *retail*, sea físico o virtual (en internet), perderán visibilidad y contacto con el cliente. Todos los sectores de la economía tendrían, en definitiva, que analizar sus mercados con una visión de *retailers*, para no perder el detalle y la información del trato con los clientes. Esa visión nos permitirá desarrollar continuamente nuestra propuesta comercial, para no perder terreno frente a la competencia.

Apple o cómo Steve Jobs se metió a tendero

Aún recordamos el momento en que leímos un artículo en Business Week (21 Mayo 2001), titulado: "Sorry, Steve: Here's Why Apple Stores Won't Work" -«Lo siento Steve: estas son las razones por las que las tiendas Apple no funcionarán»-. Es un artículo que recomendamos a todo aquel que quiera entender cómo Steve Jobs fue en contra de lo que dictaba el mercado, lo que decía la prensa, los críticos, etc. Llevaba apenas tres años de nuevo al mando de la Apple que vio nacer y de la que le echaron, y se dio cuenta de que la única manera que la empresa tenía para llegar de manera más rápida y auténtica a sus clientes era mediante la apertura de *catedrales* de la marca. Era la fórmula para fidelizar mucho más a los ya creyentes y, por otra parte, a los nuevos adeptos. Además, se obtendría mucha información que de otra manera no llegaría.

En el anexo Aprendiendo de los mejores ampliaremos la ideología del *retail* de Steve Jobs.

Marca versus Producto

Muchos hablan de que se desarrollará una tendencia que ya ha empezado. Se trata de la muerte progresiva de la marca en favor del producto.

Los argumentos señalados sobre el cliente conectado, informado y cada vez más exigente, llevan a que primen las características tangibles del producto frente a las intangibles (principalmente, la marca). El cliente puede volverse cada vez más analítico y racional en su comportamiento, pero para eso las marcas deben entender muy bien el *retail*, para poder conectar con sus consumidores y ofrecer un equilibrio entre el producto y sus atributos, con la marca y lo que representa, y que tiene el punto diferencial.

La retailización de Danone para fortalecer la marca

Danone es una marca de yogures y alimentos lácticos, líder en la mayoría de los mercados desarrollados. En un contexto donde el cliente es cada vez más analítico, más difícil de conquistar por las marcas y que se deja tentar por el *low cost*, Danone y otras marcas han visto cómo su parte del mercado es asediado por las marcas blancas o de distribuidor.

Ante tal situación ha decidido lanzarse al mercado para hacer marca y crear mayor afinidad con los clientes. Para lograrlo ha desarrollado las tiendas Casa Danone, en las que se habla de los orígenes de la marca y del alto componente de investigación y desarrollo para obtener el mejor producto. En el mismo punto de venta ofrece la degustación de producto y otros menús sanos.

Nestlé: del café a la experiencia Nespresso

Nestlé era un ejemplo de marca que distribuía sus productos a través de la red de tiendas de alimentación. En los últimos años le ha tomado el pulso a la venta directa con uno de sus productos: Nespresso.

La opción de tener un canal exclusivo de venta de cápsulas de de café se tomó hace años y se ha convertido en uno de los elementos diferenciadores de su modelo de negocio. Como consecuencia de esto, ha desarrollado un protocolo de atención al cliente, un prototipo de diseño de tiendas en continua evolución, etc.

Hoy y en el futuro, surgirán más y más modelos de cafetera que hagan la competencia a Nespresso, aunque seguramente les faltarán los elementos que Nestlé ha creado en torno a su marca, que la refuerzan y diferencian de una manera clara.

2. Las claves del éxito y del fracaso

El agujero negro es el sitio donde muchas empresas acaban cuando dejan de ser relevantes e importantes para la vida de sus clientes. Poco a poco, año tras año, muchas empresas se aproximan peligrosamente a ese lugar inhóspito, porque muchos clientes dejan de pensar en ellas como referencia para satisfacer sus necesidades. Una vez que se cae en él es casi imposible salir.

El riesgo de caer en el agujero negro será mayor si la competencia internacional crece. Actualmente, debido a internet y a la globalización del consumidor, que han homogeneizado los gustos en diferentes partes del mundo, se ha observado una aceleración de los cambios en *retail*. Las empresas que están al borde del precipicio ¿serán capaces de darse cuenta a tiempo? ¿ Sus directivos seguirán dormidos al timón?

La clave para no caer en la decadencia o la desaparición es estar por delante de todo y saber cómo hacer que nuestra empresa se adelante a los acontecimientos. Esta capacidad para «saber cinco minutos antes» que la competencia lo que va a pasar es algo que caracteriza a las grandes empresas que dedican tiempo a conocer lo que pasa en el mercado, a escuchar a sus clientes, a sus competidores, y a saber, en definitiva, por qué se vende y por qué no se vende.

Claves de la diferenciación

Michael Porter, profesor de la Universidad de Harvard, nos da tres recetas genéricas para destacar en el mercado frente a la competencia:

1. **Ser líder en costes.** Negociando mejor, comprando en mayor volumen, teniendo un modelo de negocio bajo en costes operativos y de capital.

2. **Enfocarnos.** Es decir, atender a las necesidades de un sector de consumidores, de manera que tengamos menos competencia.

3. **Diferenciarnos de la competencia.** Fácil decirlo, pero esto suele ser lo más difícil. Vamos a explicar en detalle las opciones.

Por nuestra parte, comprobamos que las claves de la diferenciación se hallan en seis atributos. Y la razón del éxito en una estrategia de diferenciación está en sobresalir en uno de ellos muy por encima de la competencia y ser capaces de comunicarlo a los consumidores. Para conseguirlo, los *retailers* deben luchar por un posicionamiento muy fuerte, focalizado en un grupo de consumidores concreto. En este contexto será necesario tomar decisiones difíciles, como la selección de un tipo de consumidor, excluyendo a otros; o dejando de vender categorías de producto que actualmente siguen siendo rentables y que, sin embargo, no aportan tanto como otras que nos traerán la diferenciación y el crecimiento a futuro.

¿Tenemos en nuestro negocio lo mejor para tener éxito a futuro? Esta es la pregunta que se hacen muchas empresas que consideran que lo están haciendo bien. Como escribió el gurú del *management* Jim Collins en su libro *Good to Great, –Empresas que sobresalen–*: «lo bueno es enemigo de lo sobresaliente». Esa es una de las razones de por qué hay tan poco bueno que llega a ser verdaderamente *grande*. La gran mayoría de las compañías nunca llega a sobresalir, justamente porque la gran mayoría es muy buena... ese es su principal problema

Los consumidores, claramente, tienen cada vez menos tiempo para comprar, y a la vez están más informados sobre nuestros productos. El ritmo se está acelerando. Muchas tiendas siguen funcionando por inercia. Hay una cuestión histórica que hace que muchos clientes sigan yendo a las tiendas de siempre. Pero esto puede cambiar de manera radical en cuestión de meses, cuando surge otra propuesta más sugestiva.

Si nos centramos en los aspectos clave del *retail*, es importante destacar que no es necesario tener buena puntuación en todos ellos. Si nos obstináramos en ello, posiblemente caeríamos en el agujero negro y la progresiva desaparición. Lo fundamental es sobresalir extraordinariamente en alguno de estos atributos. El que elijamos y que tenga un valor para el mercado. Solo de esta manera nos aseguramos la pervivencia. Naturalmente, si destacamos mucho en dos o tres de esos aspectos, mejor, pero esto es realmente difícil.

Atributos del *retail*
Servicio = el más fácil
Precio = el más barato
Gran calidad = el más fino
Moda = el más cool
Selección = el más grande
Velocidad = el más rápido

Una marca de moda o concepto de *retail* que no sea el más barato –«aunque tiene algunos productos que están bien de precio, sobre todo en rebajas»–; ni ofrezca el mayor surtido de producto –«aunque tienen mucho donde elegir»–; ni sea el más *cool* o a la moda –«aunque no está mal lo que tienen»–; ni destaque por su servicio o por una calidad excepcional, tenderá a la irrelevancia y su eventual desaparición.

El proceso de extinción de una marca no es inmediato. Pensemos en marcas o tiendas de reciente desaparición. En la mayoría de los casos el proceso de liquidación fue paulatino. Temporada a temporada su concepto fue perdiendo fuerza. Cada vez menos fresco –*cool*–, menos oferta de producto, un servicio peor, problemas de calidad, un precio nada atractivo,... y en cuatro campañas han quedado fuera del mercado.

Mejores prácticas vs próximas prácticas

A la hora de analizar un mercado o situación de negocio, la opción más usada en los últimos años ha sido la comparación de empresas del sector –*benchmarking*–, con el fin de aplicar las Mejores prácticas –*best practices*– a nuestro negocio. Sin embargo, esta metodología lleva unos años en crisis, ya que de lo que se trata, sobre todo si pensamos con un horizonte amplio, a 2020+, es de buscar las Próximas prácticas –*next practices*–, que son las que marcarán el éxito en el mercado. En otras palabras, no intentamos ser tan buenos como el mejor de nuestro sector, sino que el objetivo es ser los referentes del sector.

En su momento, la cadena de tiendas de moda Abercrombie & Fitch dio con las claves del *branding* –desarrollo de una marca–, con códigos muy innovadores que incluían un *retail* rompedor: eliminación de escaparates exteriores, local oscuro, música ensordecedora, tienda perfumada en exceso, con producto básico, entorno que atrae a ciertas tribus para ejercer ciertos rituales –hacer cola a la entrada, para probar, para pagar, perfumarse,...–. Su modelo, verdadero ejemplo de pensamiento de Próximas prácticas, ha sido objeto de numerosos ejercicios de *benchmarking* para sacar las mejores prácticas a copiar. Sin embargo, A&F ya debe estar pensando en su siguiente modelo de marca, de tienda, de producto,... en el *Abercrombie & Fitch, 3.0*, que vuelva a colocar a la marca muy por encima de cualquier competidor.

C. K. Prahalad, profesor de estrategia corporativa en la universidad de Michigan, lo definía muy bien cuando decía que las Próximas prácticas tienen 3 retos:

1. Se centran en el futuro,
2. Se tienen que desarrollar internamente, con ayuda de profesionales que nos ayuden a ver más allá de lo que es la situación actual de nuestro mercado,

3. Con las Próximas prácticas se busca amplificar las señales débiles que hay en el mercado y conectar los puntos para ver qué hay detrás de cierta información que tenemos. Representan un ejercicio de imaginación disciplinada.

Mejores prácticas	**Próximas prácticas**
Enfoque en el presente	Enfoque en el futuro
Generación académica o mejora de políticas de actuación	Generado en la práctica o por el usuario
Adaptadoras	Adaptativas
Se enfatiza la fidelidad al modelo	Sensibles al contexto: se busca un nuevo modelo
Experimentos	Pruebas
Claves: ¿Qué funciona? y ¿cómo lo puedo adaptar a mi negocio?	Claves: ¿Qué podría funcionar mejor? y ¿cómo puedo reinventar mi negocio?

Otra de las características que están implícitas en el proceso de análisis de Próximas prácticas es que se admite que hay más conocimiento de nuestro negocio fuera que dentro del mismo. Esta es, sin duda, una de las claves del éxito del modelo de Inditex. Esta compañía se dio cuenta que debía incorporar a los clientes/consumidores en la definición de valor de sus empresas.

Para finalizar este apartado sobre la proyección a futuro y la diferenciación, presentamos seis reglas o principios que han de servir para no perder el norte en nuestra travesía del desierto y llegar a 2020+ con una propuesta de marca y de producto diferenciada respecto a la competencia y sostenible en el tiempo:

1. Enfocarse

El enfoque es un punto clave a la hora de diseñar la propuesta de valor de la empresa. Es fundamental evitar la dispersión a la hora de crear la idea de nuestro negocio en la mente del consumidor. Aquí tenemos unos ejemplos:

- Zara es Moda
- Primark es precio
- IKEA es diseño-práctico-barato
- El Corte Inglés son 1000 marcas de moda bajo un mismo techo
- Camper es creatividad
- Shana es precio
- Media Markt son los más baratos (*porque yo no soy tonto*)

Solo si somos capaces de lanzar una propuesta y fijarla en la mente del consumidor con fuerza, tendremos mayores garantías de éxito.

El enfoque ha de servir, además, para hacer que los equipos de producto (clave de la empresa) tengan siempre en mente, por ejemplo, a la *mujer Zara*, al *hombre Zara*, etc. Se trata de una gran fórmula para evitar los bandazos que podemos observar en muchas empresas.

❷ Escuchar al mercado y actuar rápidamente

Como segundo paso, tenemos que escuchar al mercado de manera obsesiva. La gente es la escuela más grande que hay en el comercio. Deberíamos sentarnos en el aula para aprender de nuestros clientes, que son los que nos van a decir de manera clara adónde tenemos que ir.

Para escuchar al mercado hay cada vez más oídos. Además de tener una organización permeable a lo que dice el cliente que entra en nuestras tiendas, también hay que escuchar lo que se dice en internet y en las redes sociales. Hoy en día, el cliente está más dispuesto que nunca a dar su opinión sobre nuestro negocio, de manera que no nos queda otra que escucharle y reaccionar.

❸ Reinventar y cuestionar continuamente

La mejora continua, la innovación, la interrogación son acciones que debemos hacer nosotros mismos, ya que somos quien mejor conoce nuestro negocio. Debemos estar siempre atentos a cómo evoluciona nuestro cliente y cómo dar respuesta a lo que pide. Solo de esta manera nos adelantaremos a nuestra competencia, que seguramente también está trabajando duro para ocupar nuestro puesto en el mercado.

Los que aplican al pie de la letra la mejora continua tienen esa facultad de saber «cinco minutos antes» lo que va a pasar en su negocio. Son empresas valientes que escuchan continuamente, tienen la humildad de aceptar que lo que valía ayer ya no vale hoy, y reaccionan cambiando la manera de actuar.

❹ Ser flexible y tener siempre dimensión para no perder oportunidades de negocio

Muchas oportunidades de negocio se pierden en el mercado por no tener capacidad de reacción una vez que nuestro producto funciona. La prudencia de muchas empresas ha hecho que no hayan tenido cuantas más velas desplegadas para aprovecharse del viento favor y arrasar en el mercado.

Otras empresas, como Inditex o IKEA, han hecho gala de fuertes inversiones en activos, incluso por encima de lo razonable (almacenes, tiendas, sistemas, etc.) de manera que pueden reaccionar en momentos en los que el mercado está tirando de la venta.

❺ Buscar crecimiento. Después, rentabilidad

Puede resultar contradictorio en momentos en los que prima lo financiero. Sin embargo, en el mundo comercial, las grandes empresas comerciales se han construido gracias a su increíble enfoque en las ventas, sin pensar en la rentabilidad concreta de cada operación.

Apple abrió sus tiendas en mayo de 2001 sin pensar en la rentabilidad de las mismas. Todos los analistas se pusieron en contra de la empresa: ¿Qué estaba haciendo? Destruyendo el valor del accionista, haciendo la competencia a sus clientes hasta el momento (las tiendas que vendían Apple,...), hipotecando el futuro de la empresa. Sin embargo, para Steve Jobs era una manera de crear marca y llegar directamente a los consumidores. Solo él tenía ya en la cabeza la línea de productos que iba a lanzar en los próximos años y que requerían una cercanía con el cliente, a través de espacios de venta que hicieran que el producto fuera único.

Zara abrió su primera tienda en Estados Unidos en el 750 de Lexington Avenue, allá por 1989 (era su segunda tienda internacional, tras la de Oporto, de 1988), sin pensar estrictamente en la rentabilidad de la misma. Fue una tienda que arrastró pérdidas durante años, pero que generó beneficios en una organización que aprovechó su presencia en el principal mercado mundial para ampliar horizontes y acelerar su aprendizaje para crecer internacionalmente.

❻ Simplicidad: no complicarse la vida

Los grandes tenderos desconfían de los amantes de hablar y hablar. Las empresas tienden, con el tiempo, a hacer compleja la gestión y con ello, más difícil el crecimiento.

«Pocas ideas y claras» es una frase que suelen repetir en empresas como Inditex para evitar que la complejidad les atenace. Para crecer a velocidades superiores a quinientas tiendas por año es muy importante que sea un proceso fácil y rápido, y no artesano.

3. ¿Por qué unos sitios están llenos y otros vacíos?

Es, probablemente, la pregunta esencial en el mundo de la empresa y, en particular, en el sector del *retail*: ¿cómo conseguir que la gente entre en mi negocio, pruebe mi producto o servicio y, sobre todo, repita? Y además, que se lo diga a tantas personas como sea posible.

La clave, como veremos a continuación, es tener un concepto de tienda, de manera que los clientes, que son los que votan con sus billeteras al comprar en nuestras tiendas, entren de manera repetida y den crecimiento y continuidad a nuestro negocio.

Más adelante vamos a hacer un repaso de todos los elementos que debe tener un concepto de *retail* y cómo se debe trabajar cada uno de ellos. Vamos a ver entonces la importancia de los detalles, de manera que no nos olvidemos de ninguno al tratar nuestro concepto de tienda.

¿Qué hago con lo que tengo? ¿Puedo copiar el concepto de negocio de otros?

Para empezar, vamos a adoptar una visión más general y preliminar. Se trata de responder a unas simples preguntas:

1. ¿cuál es la Ventaja Competitiva del *Retail* de nuestra empresa?,
2. ¿es sostenible?

La primera pregunta es muy importante, y la segunda no es baladí. Queremos saber hasta qué punto una empresa que formula un modelo de negocio es capaz de mantenerlo en el tiempo. Para entenderlo en toda su amplitud, vamos a ver un ejemplo.

Ante la llegada de una de las grandes cadenas de ropa *low cost* de Europa, una empresa local muy fuerte en su mercado se preparó con visitas a las tiendas principales de su futuro competidor. Estudiaron de la A a la Z el modelo de negocio del gigante. Desde las etiquetas hasta el uniforme, el *layout* de la tienda, la música, el flujo de mercancía durante el día, los niveles de devoluciones, etc.

Para este ejercicio, la empresa local eligió a sus mejores empleados, que realizaron un voluminoso informe. A pesar de que el modelo de negocio del gigante internacional era complejo, los jóvenes talentos de la empresa local consiguieron desmenuzar muchas de sus claves y las presentaron ante el consejo de administración.

Se pusieron manos a la obra, contra reloj, para enfrentarse con éxito a la competencia. A nivel de *retail*, se preparó un nuevo tipo de escaparate y de *visual merchandising* –diseño del espacio a partir de la disposición del producto de forma atractiva para atraer al consumidor y generar ventas– de manera que el cliente notara un gran cambio en la tienda: nuevas maneras de colocar el producto en paredes, en mesas, señalética más moderna, etc. Un nuevo uniforme para los empleados. Nuevas líneas de producto nunca vistas. Nuevos formatos de embalaje –*packaging*–, etc.

Para inaugurar los cambios se eligió el día D: el de la apertura del gigante internacional en el país. Ese día se implementarían todas las medidas desarrolladas. Había un *arma secreta* que se iba a utilizar ese día: los precios. Tan pronto como abrieron las tiendas del centro comercial, los precios del competidor local eran un 20% más baratos que los del gigante del *low cost*.

Las personas que estaban esperando para entrar los primeros en la nueva tienda pudieron observar como la tienda de toda la vida había cambiado los escaparates, el interior y sobre todo...

los precios, que eran irresistiblemente bajos. «Mira, las camisetas que acabo de comprar a 4,99€ aquí las tienen a 3,99... y parecen de mejor calidad», decía una clienta asombrada a sus amigas.

A las dos horas de abiertas ambas tiendas, la información de precios ya había sido recogida por el equipo directivo de la multinacional. Habían mandado a unos chicos trajeados que de manera educada y cuidadosa apuntaban precios categoría por categoría. Tras varias llamadas, la orden de la multinacional fue tajante: "bajemos más los precios". Ningún competidor local iba a aguarle la fiesta de apertura a una empresa tan fuerte.

El tendero local reaccionó con una nueva rebaja de precios. Los directivos de la multinacional volvieron a la tienda a recoger los nuevos precios y no daban crédito a lo que veían. Hasta entonces, la llegada de sus tiendas a nuevos países era bien recibida por los clientes y los operadores locales buscaban formas de competir, pero nadie había hecho esto.

Los clientes acudían en masa al operador local. Los ejecutivos de la multinacional estaban perplejos ante la estrategia de la marca. Era inverosímil que se hubiera utilizado el desembarco de una empresa para relanzar otra, decían en la central.

Durante el día los precios fueron bajando en ambas cadenas hasta que las camisetas tocaron fondo: lo que empezó a 4,99€ se acabó vendiendo a... 0,25€ (¡!). Ambas cadenas se desangraban por los márgenes. Los clientes se frotaban las manos. No daban crédito a lo que veían.

¿Cuál fue el final de esta historia? ¿Pudieron ambos aguantar esta guerra de precios? Duró exactamente seis días, hasta que tras una conversación «de amigos» entre ambos equipos directivos, el operador local anunció al internacional que no podía seguir con esa política y que esperaba que al menos se acordaran para siempre de que en su desembarco en el país, un competidor local quiso hacerles frente compitiendo en las mismas variables.

La conclusión que sacamos de esta historia es que es muy difícil copiar el modelo de negocio de otros y es poco sostenible en el tiempo. En el caso del competidor local, la nueva manera de actuar duró menos de una semana. Después, volvió a su manera habitual de trabajar. Había copiado ciertos aspectos del negocio de su competidor, pero no pudo mantener esa política tan agresiva por más tiempo. En definitiva, es fundamental tener ese concepto diferencial que nos aporte una Ventaja Competitiva frente a la competencia.

¿Cómo se consigue la ventaja competitiva en *retail*?

En el mundo de las tiendas vamos a encontrarnos compitiendo con muchas otras empresas. No solo lucharemos con otros tenderos, sino que habrá otros operadores, como los proveedores, que en cualquier momento pueden entrar en el *retail* y competir con nosotros. En realidad, en muchos casos nos encontraremos con proveedores que mantienen ambas posiciones:

- Suministro de producto a tiendas
- Venta directa en su propia cadena de tiendas o en otros canales de venta

No obstante, los proveedores encontrarán unas barreras de entrada que tendrán que franquear para entrar a vender directamente y hacernos competencia.

Para construir nuestra ventaja competitiva tendremos que seguir el siguiente proceso:

1. Catalogar los operadores del mercado
2. Realizar un análisis en profundidad de nuestro modelo
3. Definir nuestro posicionamiento

❶ **Catalogar los operadores del mercado.** De igual manera que la empresa de la que hemos hablado antes realizó un ejercicio profundo de su principal competidor, nosotros tenemos que hacer lo mismo con los nuestros. Además de los competidores, tenemos que ir más allá, y profundizar en el conocimiento de nuestros clientes, proveedores, complementos y sustitutos.

TABLA DE ANÁLISIS COMPETITIVO

	Habitualmente se incluyen en el análisis	**No olvidar en el análisis...**
Competidores	Empresas con estrategias y posiciones similares	- Los rivales más motivados o capaces, con más recursos - Competidores que por volumen o experiencia internacional pueden cambiar la estructura del sector - Competidores extranjeros que están considerando entrar en el mercado doméstico
Clientes	Sus clientes	- Nuevos tipos de clientes para nuestro producto, especialmente los sectores más jóvenes - Clientes cuyos gustos y necesidades marcan el mercado: líderes de opinión
Proveedores	Ninguno	Proveedores de otros Proveedores de productos sustitutos
Complementos	Ninguno	Todos
Sustitutos	Compañías que ofrecen productos similares	Empresas de sustitutos Cambios en preferencias de consumidores

Podemos definir los complementos como productos o servicios que se pueden adquirir a la vez. Por ejemplo, en el mercado nupcial, los complementos podrían ser el restaurante, el viaje, etc. Los sustitutos son productos o servicios que el cliente compra en sustitución de lo que nosotros ofrecemos, pues ofrecen ventajas similares o mejores.

2 **Realizar un análisis en profundidad de nuestro modelo.** Los recursos y capacidades (saber hacer) de nuestra empresa nos condicionan, de igual manera que el bagaje de objetivos de la empresa (presentes y futuros) y las estrategias que se han seguido.

En algunas ocasiones, el resultado del análisis de nuestro modelo lleva a una conclusión muy dramática: volver a empezar. ¿Es posible romper con todo esto y empezar de nuevo? Claro que sí. Pero es muy difícil hacerlo de una manera rápida. Hay personas, estructuras, recursos físicos (mobiliario de tienda, oficinas, etc.) que son elementos *hard* y necesitan un tiempo de transición si realmente se quieren cambiar. Pero, en nuestra opinión, es mucho más difícil cambiar elementos *soft* como los objetivos de la empresa o sus estrategias, su cultura empresarial, etc.

Muchas veces, los elementos *hard* condicionan los *soft*. Un caso singular de esto ocurrió a mediados de la primera década de este siglo, cuando el retailer inglés Marks and Spencer se encontraba con que era muy difícil cambiar las formas de pensar y actuar de sus empleados. Veamos este caso y el análisis interno que se realizó.

La crisis de la empresa acabó por cerrar todas sus tiendas propias en el continente europeo (2001), dando al traste con una internacionalización que había empezado en 1975, cuando abrió su primera tienda en París (Boulevard Haussmann) seguida de la de Lyon, el mismo año.

La retirada de la Europa continental pretendía poner freno a la sangría en los resultados debido a la caída de las ventas. El problema era más grave de lo que se pensaba en principio, pues la caída en ventas y rentabilidad no se circunscribía a las tiendas internacionales. La competencia de las cadenas europeas como H&M, Zara, Mango y locales como Top Shop o French Connection, además del crecimiento del *low cost* con Primark, Matalan,... hacían que progresivamente las ventas de las tiendas inglesas cayeran.

Tenían el problema en casa y para solucionarlo intentaron reinventarse a mediados de la primera década de los 2000. Para ello, se hizo un estudio de los operadores que actuaban en su mercado. Las conclusiones no podían ser más decepcionantes, pues habían sucedido cambios sustanciales en todos ellos.

El estudio que los miembros del consejo de administración de Marks and Spencer tenían desde hace tiempo en sus mesas era muy claro en todos estos aspectos. Los nuevos presidente y director general tenían que tomar decisiones muy difíciles.

¿Qué es lo que faltaba que hacía que todos estos planes de cambio quedaran mes tras mes, trimestre a trimestre, año a año, ... en nada? Un cambio de mentalidad y, para ello, en la compañía se dieron cuenta que era fundamental cambiar la ubicación de la sede central.

Durante más de 100 años, la empresa había tenido su sede social en un imponente edificio en el número 55 de Baker Street. Allí se habían tomado las decisiones históricas más importantes de la empresa. Finalmente, el impulso del cambio estaría en mudarse y moverse a unas nuevas oficinas cerca de la estación de Paddington. Luminosas y modernas. Una forma de romper con las camarillas y grupos que tenían sus aposentos en los viejos despachos. Una vez deshechos estos esquemas mentales, Marks and Spencer pudo reinventarse más fácilmente, entendiendo que las cosas estaban cambiando realmente y que había que hacer frente a cada uno de los puntos en los que la empresa se había quedado atrás para reinventarse. Tras el cambio, se erigió una empresa mucho más ágil, próxima al mercado y rentable.

ANÁLISIS COMPETITIVO DE MARKS & SPENCER

	M&S antes...	**M&S ahora...**
Competidores	Empresas locales, conocidas, con un ritmo lento de cambio	Internacionales y nacionales que cambian rápidamente el producto: no trabajan con las temporadas tradicionales: *fast fashion* Importancia creciente del *low cost*
Clientes	Que buscan sobre todo la calidad y saben apreciar la buena relación calidad precio de Marks & Spencer (durabilidad)	Se busca moda y básicos a buen precio. La ecuación de valor (precio/calidad) se ha trastocado. La durabilidad pasa a segundo plano
Proveedores	Son como de la familia. Se trabaja con muchos de ellos desde hace décadas. Sus costes son altos en comparación a los de la competencia pero se valora la relación a largo plazo	Han explotado los proveedores de Asia que trabajan mano a mano con la mayoría de sus competidores
Complementos	Nunca importaron... en el análisis, más que en la época de Navidad	Todas las empresas buscan maneras de generar negocio mediante los complentos
Sustitutos	«¿Puede haber algo que sustituya a un buen pantalón, etc. de Marks & Spencer?» Manera de pensar de 1960-90	El consumo tradicional de ropa u regalos sufre la avalancha de competencia de la tecnología, que detrae la renta de empresas que venden calidad a precio alto

❸ **Definir el posicionamiento.** El momento de la verdad viene cuando tenemos que definir claramente dónde queremos situar nuestro negocio en comparación con otros competidores. Hay cuatro aspectos fundamentales con los que vamos a desarrollar la estrategia de nuestro negocio:

❶ Prestaciones a los clientes: básicas / avanzadas
❷ Costes: altos / bajos
❸ Margen: alto / bajo
❹ Volumen: alto / bajo

Estos cuatro puntos están interrelacionados, son como vasos comunicantes. Si, por ejemplo, tenemos un modelo de tienda en el que los costes son altos, y el margen es bajo, la única manera de que funcione es que el volumen sea muy alto. El sueño de todo empresario es que con costes bajos y márgenes altos se consigan altos volúmenes de mercado.

En el análisis de posicionamiento clásico (Michael Porter) hay que tener en cuenta que más importante que ser el mejor es ser único o diferente. ¿Es el iPhone de Apple el mejor teléfono? No podemos apostar a que sí lo sea. Sin embargo, tenemos claro que Apple impulsó la categoría de los *smartphones* desde que lo lanzó en 2007, y que a pesar de que muchos de sus componentes son suministrados por sus competidores, muchos usuarios prefieren Apple a otras marcas, por sus elementos diferenciadores que lo hacen único, más que el mejor.

El problema que tiene defender una posición donde nuestro concepto de tienda o producto es mejor que la competencia es que es algo transitorio. Siempre puede llegar otra empresa que invierta más que la nuestra en I+D y que haga que su producto acabe siendo mejor que el nuestro.

En cambio, el posicionamiento en base a ser único, diferente, es más difícil de atacar. En la medida de que tengamos esa posición bien defendida podemos estar satisfechos.

Es importante tener en cuenta que cuando se habla de posicionamiento, la clave no es la realidad en sí. El hecho objetivo de que nuestro producto sea mejor no tiene valor frente a la percepción del mercado, es decir, la idea que el cliente tenga sobre nuestro producto.

Volviendo al posicionamiento, nuestra diferenciación será la que permitirá que podamos cargar un precio más o menos alto a los productos. Si no hay diferenciación y nuestro producto es *commodity* –producto básico– (nos vamos al extremo), la única solución para tener ventaja competitiva es ser muy eficientes en procesos y tener los costes más bajos. De esta manera, podremos competir en precios bajos en el mercado y conseguir altos volúmenes.

Finalmente, hay un tercer camino en la consecución de la ventaja competitiva, que es la segmentación. Se trata de hacernos con un sector de mercado, de manera que enfocándonos ahí, sin dispersarnos, podamos sacar el máximo minimizando la competencia.

4. La internacionalización como elemento clave

La verdadera prueba de que tenemos un modelo de negocio diferenciado y con una ventaja competitiva sostenible es que pueda ser internacionalizado con éxito. Hace décadas, las empresas se planteaban salir fuera cuando tenían el mercado nacional saturado. De esta manera seguían creciendo y aprendían en entornos generalmente más competitivos, para defender su posición en su mercado nacional. Hoy en día, para un concepto de nueva creación, la visión internacional debe estar ya en el ADN de la empresa. Este aspecto es importante en muchos ramos del comercio. Vamos a explicar lo que es la globalización y cómo condiciona la internacionalización.

La globalización nos obliga a internacionalizarnos

Desde primeros de los años 1990 empieza a hablarse de globalización y las consecuencias sobre todo lo que nos rodea. Con esta palabra se nos quiere hacer pensar que vivimos en un mundo global, en más o menor medida homogeneizado, en el que todos los habitantes de este mundo compartimos necesidades, gustos y hay un grupo de marcas que satisfacen por igual en cualquier ciudad.

Algunos hechos que nos hablan de un mundo global:

- jóvenes en países alejados que llevan las camisetas del FC Barcelona, del Real Madrid, del Inter de Milán o del Manchester United, y siguen sus partidos de futbol cada fin de semana,
- tiendas de Zara, H&M o de Abercrombie & Fitch que congregan a miles de personas en los días de apertura y que son fenómenos de éxito en las principales capitales del mundo,

- marcas como Apple o Nike que despiertan pasiones y provocan colas ante el lanzamiento de nuevos productos,
- Facebook, Google, Twitter,... y otras herramientas tecnológicas que utilizamos todos los días,
- lo local contra lo global. Por pequeña que sea nuestra empresa, se ve afectada por lo que pasa en el mundo. Cada vez más. Las tecnologías, como la televisión (a finales del siglo pasado) e internet (a comienzos del actual), han puesto al alcance de cualquiera la información de lo que está pasando en el mundo de la política o de la moda. El grado de globalización de un sector empresarial concreto, como el del *retail* y la moda en sus diferentes ramas, va a determinar el nivel de internacionalización necesario en sus empresas. La globalización, en sí misma, es un hecho que nos viene dado y que influye en la internacionalización. No podemos elegir, desde nuestra empresa, el grado de globalización de nuestro sector. En cambio, sí podemos elegir el grado de internacionalización de nuestra empresa, y la forma de realizarla.

En definitiva, la globalización es la causa, o puede serlo, de la internacionalización. Según el grado de globalización del sector y las características de nuestra empresa, estaremos obligados a realizar ciertas estrategias de internacionalización para no quedarnos en desventaja competitiva.

Por otro lado, la empresa puede intentar influir o potenciar algunas de las características de la globalización, pero no puede alterar o parar un proceso de cambio tan importante.

Si un sector determinado se considera que es global, el mundo es el único mercado. Por ejemplo, en el campo de fabricantes de centrales nucleares, hay cinco operadores a nivel mundial. Si observamos a los fabricantes de aviones de más de cien plazas, hay solo dos: Boeing y Airbus. Por el contrario, si hablamos del mercado de vestidos nupciales, veremos que está muy atomizado y que hay miles de operadores locales y regionales. Las empresas líderes con presencia internacional solamente detentan un 5% del mercado mundial.

Por otra parte, si tomamos en consideración las grandes empresas de la moda de lujo, su mercado es global. Con pequeñas diferencias en ciertos mercados, los grupos de lujo LVMH, Gucci-YSL, Richemont y otras marcas independientes (Prada, Chanel, Hermès, etc.) lanzan sus campañas y planean sus estrategias de ventas *retail* de una manera global, en cuanto entienden que en el mercado del lujo, en la parte alta de la pirámide de consumo de moda, el cliente es global y su comprensión de la marca y de las colecciones es prácticamente igual en Tokio, Nueva York, Moscú, Barcelona o Shanghai.

Si pensamos en un mercado local, como puede ser el de algunos productos alimentarios, donde prima la adaptación a los gustos locales, la competencia a la que se enfrentan las empresas es local, entendiendo por local, países, o grupos de países o incluso regiones de un país que agrupan culturas o formas de entender este consumo. En este caso, competir significa entender estas diferencias culturales y adaptarnos a las mismas. Lo más normal es que los competidores que nos encontremos en cada área sean diferentes o sean operadores que lo hacen en cada país con conceptos diferentes. Un ejemplo claro de esta adaptación está en el grupo holandés de supermercados Albert Heijn (Ahold). Opera en diferentes países con distintos nombres, formatos y posicionamientos.

En el sector de la banca, hasta hace bien poco, era muy difícil crear un concepto o marca global, porque los clientes de cada país tenían tendencia a confiar más en las marcas bancarias locales. Recientemente, la situación ha cambiado, con fenómenos mundiales como el HSBC o Citibank, o como el Santander, que ha ido cambiando las marcas locales con las que operaba en cada mercado por la de Santander.

Se puede decir que un sector es global al 100% si todas las empresas del sector compiten entre sí a nivel global, en una única liga. Por el contrario, si un sector es 100% local es como si hubiera tantas ligas como áreas locales existen en ese sector (países, regiones de países, continentes,...). En este último caso, si una empresa quiere competir en todo el mundo, tendrá que estar en todas y cada una de esas ligas. En cada una intervendrá de manera diversa y tendrá a competidores diferentes que se irán, como ella, adaptando a cada liga con equipos diversos (estrategias diferentes). Esta ha sido la manera tradicional en la que las empresas multinacionales han operado a nivel mundial desde principios del siglo XX: con filiales en cada país que se adaptan a cada mercado local donde tienen competidores locales.

En los mercados sin globalizar se pueden encontrar empresas que están en todo el mundo. La suma de los mercados locales configuran lo que se llama un sector multinacional, nombre que denota el origen de la suma de naciones, aunque hoy en día puede estar formado por una aglomeración de las mismas en zonas geográficas amplias.

Podemos concluir diciendo que el hecho de que existan en un sector empresas presentes en todo el mundo no significa que el mundo sea global. Sin embargo, sí que será clave analizar cuál es la competencia en ese sector. Si la competencia es única, igual en todo el mundo (estrategias mundiales), el sector será global, pues se juega en una sola liga mundial. Si la competencia es diferente en cada zona (estrategias distintas según áreas geográficas), el sector será multinacional, y se juegan diferentes ligas en cada área.

Factores que favorecen la globalización

Lo más normal es que un sector no sea ni global al 100% ni al 0%. Lo usual es que un sector tenga alguna o algunas características de global en mayor o menor medida, siendo locales el resto de características. Para conocer cuán global es un sector se debe reflexionar sobre una serie de factores –de oferta, demanda, políticos y tecnológicos–, cada uno de los cuales favorece, si se dan, la globalización. Son los siguientes:

1. **Ventaja comparativa de países.** China y el sudeste asiático, en general, se han convertido en fábricas del mundo por los bajos costes y la capacidad de ofrecer volumen de producción con diferentes grados de calidad y en unos plazos que se suelen cumplir. Así pues, se está produciendo un fenómeno de concentración de ciertos tipos de producto en países de esta zona, hecho que está ayudando a una cierta unificación de tendencias y *looks*.

2. **Economías de escala globales.** Si el departamento de diseño o el de *marketing*, o la logística o las compras pueden concentrarse en un solo país, se está yendo a la globalización. La actividad de la compañía que tenga economías de escala globales se podrá realizar para todo el mundo, con una visión absolutamente global, por lo que el sector tenderá hacia la globalización.

3. **Homogeneización de las necesidades de los clientes.** Cuando pensamos que la moda o ciertas marcas de alimentación se encuentran de la misma manera, con campañas de marketing globales o tiendas en ciudades tan dispares como Estambul, Buenos Aires, Shanghai o Nueva York, es debido a que se ha producido una homogenización de las necesidades de los clientes en todo el mundo que nos llevan a la globalización. Si el cliente de todo el mundo demanda lo mismo, la empresa ve a todo el planeta como el mismo mercado, y va a tener respuestas globales.

Hay que puntualizar que aunque los clientes sean homogéneos, que el planeta sea un solo mercado no quiere decir que no existan segmentos dentro de ese mercado global. El que exista un segmento de ropa de lujo en mercados alejados geográficamente no significa, naturalmente, que todos ellos sean iguales. Son segmentos que en algunos países son más mayoritarios que en otros y en algunos países, por razones de volumen de mercado o culturales, son casi inexistentes. Lo mismo pasa con otros segmentos como el de la moda juvenil.

4. **Menores costes de transporte o almacenamiento.** El hecho de que haya grandes economías de escala de fabricación en un sector, con un precio alto de transporte y almacenamiento, hará que el sector no sea tan global como determinaría la producción. El coste de las operaciones logísticas favorecerá, por ejemplo, la globalización de productos de alto coste y poco volumen como los relojes. En cambio se desarrollará poco en productos de bajo coste y alto volumen, como las botellas de vidrio.

   La tendencia a la reducción de los costes de almacenamiento y transporte favorece la globalización. Sin embargo, un alza brusca del precio de los combustibles podría hacer que se vuelvan a localizar cerca del consumidor ciertas actividades de producción. En este sentido, algunos autores hablan de un futuro donde, por ejemplo, en Europa se vuelvan a producir prendas de vestir por los mejores costes logísticos y, además, por la ventaja de tiempo de reacción ante cambios de la demanda.

5. **Concentración de los canales de distribución.** En los años 60 o 70 una empresa española de alimentación que quisiera estar presente en el mundo debía contactar con una larguísima lista de empresas de distribución, cada una de ellas con una presencia regional en cada país, lo cual complicaba mucho el proceso de exportación. Lo mismo para una mar-

ca de ropa que quisiera estar presente en los grandes almacenes norteamericanos, por poner un ejemplo: debía relacionarse con una lista importante de compradores de grandes almacenes regionales, estatales y de ciertas ciudades importantes. El proceso de concentración de los canales de distribución en cada uno de los países se ha ido acelerando, disminuyendo el número de empresas con las que hay que contactar para tener una presencia exterior. Por ejemplo, una empresa de alimentación que quiera acceder al 40% del mercado norteamericano tiene que hablar con un solo interlocutor: Walmart.

6. **Disminución del proteccionismo.** Hace 60 años, las empresas solían tener una filial por país en regiones como Europa, donde persistían barreras arancelarias entre cada uno de los países. El fenómeno de la unificación europea y los acuerdos de la OMC –Organización Mundial del Comercio– están consiguiendo que cada vez sean menores las barreras arancelarias a la exportación. Esta tendencia favorece la globalización. Hay, sin embargo, grandes mercados como Brasil o Argentina, donde las barreras arancelarias y no arancelarias hacen prácticamente imposible el acceso de productos de otros países. Con ello se pretende que se busquen socios locales de fabricación. Otros países, como México, han resistido la presión de los *lobbies* locales y están rebajando progresivamente las barreras arancelarias, haciendo que sus economías sean mucho más abiertas.

7. **Curva de experiencia global.** El aprendizaje acumulado en la realización de una actividad posiblemente producirá un descenso en los costes y/o una mejor realización de la misma.

8. **Desarrollo tecnológico.** Indiscutiblemente, el desarrollo de la tecnología permite ver el mundo como una unidad y, por lo tanto, beneficia la globalización. Fenómenos como la cadena de televisión musical internacional MTV en los años

1980 y 1990, y actualmente internet en todas sus facetas, hacen que haya una visión global de la moda y otras pautas de consumo. Los medios de comunicación globales han favorecido esta homogeneización de la población del planeta, la coincidencia de gustos, la confluencia de necesidades. La seguridad de los pagos hace que sea posible la apertura de tiendas en cualquier zona del mundo o que se pueda comprar desde casa en cualquier tienda electrónica del planeta.

A partir del análisis de los factores que acabamos de enumerar, una empresa puede concluir qué aspectos de globalización se presentan en su sector y, como consecuencia, el grado de globalización que tiene. Información que de por sí no parece muy relevante, pero que es la puerta de entrada a otra que sí lo es, pues con ella la empresa podrá decidir cómo debe ser su proceso de internacionalización.

Globalización y actividades de la empresa

El mayor o menor grado de globalización de un sector influye en el desarrollo de las actividades de una empresa. Por ejemplo, si las necesidades de los clientes son similares en todo el mundo, se podrá desarrollar el *marketing* de la compañía a nivel global.

Esta es una conclusión esencial para la estrategia de una empresa pues, si una actividad es global, la compañía debe realizarla globalmente o asumir una desventaja competitiva frente a los competidores que la realizan de forma global. Si el *marketing* es global, pues los clientes son homogéneos en todo el mundo, y nuestra compañía solamente opera en un continente, estaremos en desventaja respecto a las marcas globales, pues estas harán uso en mayor medida de su conocimiento e imagen global así como de las economías de escala globales existentes en *marketing*. Lo mismo ocurrirá con cualquier actividad que siendo global se enfoque de un modo más local.

Esto no quiere decir que no pueda haber grados de globalización en una actividad. La famosa frase de «pensar globalmente y actuar localmente» transmite esta reflexión hasta las marcas más globales, que a pesar de realizar un *marketing* más global, tienen una cierta adaptación local. Coca-Cola no tiene el mismo portafolio de productos en todos sus mercados y sabe que los formatos y los sabores tienen un cierto componente local que vale la pena respetar. De igual forma, McDonald's varía su menú de manera sustancial según los mercados donde opera. Ambas compañías son marcas globales que tienen campañas globales de comunicación, matizadas con campañas locales para destacar tal o cual producto que solo se ofrece en cada país.

Globalización y segmentos de mercado

Cuando los factores de demanda –homogeneización de las necesidades de los clientes– se dan totalmente, los segmentos de mercado son globales. Puede ocurrir que ni el mercado sea global ni los clientes homogéneos y, en cambio, sí que sean globales uno o unos segmentos de mercado.

Si se piensa en el segmento del lujo –relojes, bolsos y complementos, ropa, joyas, hoteles, bebidas, etc. –, este es global en prácticamente todos los mercados, aunque no lo sea el resto del sector no dedicado al lujo. Por ejemplo, la demanda del segmento de lujo en hoteles es homogénea en todo el mundo. El cliente de alto nivel de hoteles de lujo demanda exactamente lo mismo en Singapur, Madrid o São Paulo.

Un producto puede ser global en cuanto a la demanda por venderse en todo el mundo. No obstante, puede estar en diferentes segmentos dependiendo del área geográfica. Por ejemplo, Zara es una marca que se posiciona de forma distinta en México y en España: en ambos países está considerado como un producto de moda pero el precio es superior en términos relativos en

México. Esta es una posibilidad sobre la que reflexionar: una marca de una tienda se puede situar en segmentos diferentes dependiendo de la zona geográfica del mundo de que se trate, condicionada por las características de esa ubicación, en especial su poder adquisitivo o las barreras arancelarias.

Glocalización o innovación inversa

En un estadio más avanzado de la internacionalización de las empresas, se puede dar el hecho de que se hagan innovaciones de *retail* en unos mercados y posteriormente se apliquen al resto. Un caso especial es COS, cadena de H&M que se lanzó primero en uno de los mercados más competitivos en *retail*: Reino Unido. Se fueron abriendo tiendas de esta marca en varios países, incluidos España. Sin embargo, no fue hasta el verano de 2011 cuando se abrió la primera tienda COS en Suecia, su mercado de origen.

En este contexto de un mundo global, puede darse el caso de empresas que jueguen la globalización de esta manera: creando conceptos diferentes en países que innoven, tengan éxito y lo acaben extendiendo a mercados más maduros. También podría darse el caso de empresas globales de moda que creen una marca o concepto de *retail* exclusivamente para China y resto de países asiáticos, y con el tiempo, lo extiendan a otros países del mundo.

Globalización → internacionalización

Como se ha visto, el análisis de la globalización de un sector implica decisiones de internacionalización, es decir, de realizar alguna actividad fuera del país de origen. En un extremo, si el sector es global, si se dan todos los factores de globalización, si todas las actividades de la empresa son globales, si el mercado es global, la compañía debería realizar una sola estrategia considerando el mundo como un único mercado. Así sus diversas actividades se podrían concentrar en un solo país, pudiendo ser distintos para cada una de ellas. La empresa estaría forzada a realizar un profundo proceso de internacionalización, a riesgo de estar en desventaja competitiva con las demás compañías del sector si no lo hiciera.

En cambio, si el sector fuera local, el proceso de internacionalización no sería tan forzado. Si la empresa estuviera solamente en un país o conjunto de países, el proceso de internacionalización podría llevarse a cabo de una forma mucho más relajada o incluso se podría renunciar a él. Se podría ir estudiando a qué nuevas ligas o zonas geográficas se inscribe.

Sea o no sea global un sector, la internacionalización es una de las opciones que puede tener una compañía para crecer, por lo que puede ser una decisión muy interesante, aunque no sea impuesta por la globalización. En este contexto, las causas por las que las empresas españolas deben internacionalizarse no pueden ser puramente defensivas o reactivas, sino que deben responder a un elemento central de la estrategia.

Algunos de los motivos por los que las empresas se internacionalizan, en un movimiento puramente defensivo, son:

- el producto de la empresa se encuentra en fase de madurez en el mercado nacional, por lo que la única opción para el crecimiento pueden ser los mercados foráneos;
- los clientes de la compañía se internacionalizan y obligan a seguirlos;
- el tener una parte de la capacidad de producción sin utilizar e intentar darle salida mediante la exportación;
- la entrada de competidores extranjeros en el país y como reacción procurarse un espacio en sus mercados.

Mientras que ejemplos de causas proactivas de la internacionalización serían la búsqueda de mayores economías de escala, el desarrollar una mejor tecnología o la adaptación de los productos o servicios de la empresa a mercados extranjeros.

Riesgos de la internacionalización

Si una empresa pasa de operar solo en un país a hacerlo internacionalmente puede tener que asumir una serie de riesgos suplementarios a los que ya tenía. Estos aparecerán o no dependiendo de la zona del mundo donde entre y de la manera de internacionalizarse que escoja. Veamos cuáles son:

Riesgos Financieros

Si los países donde se va trabajar tienen una moneda propia, la empresa puede ver su competitividad y beneficios muy afectados por las fluctuaciones del cambio de moneda. En ocasiones favorablemente, pero en otras negativamente. Una empresa puede suscribir un seguro de cambio, pero este tiene un límite de oscilación, ligado al valor en el momento de la suscripción, y supone un coste adicional. Otra manera de guardarse frente a las variaciones del tipo de cambio es comprar divisa cuando está a buen precio para poder afrontar momentos en los que la situación sea la contraria. Otro riesgo financiero consiste en las diferentes tasas de inflación que puede haber entre los distintos países. La desigual inflación hace más o menos competitivas a las empresas de cada país al elevar, en mayor o menor grado, sus costes laborales, financieros o de materias primas.

Riesgos Políticos

Hay países que ofrecen un gran oportunidad comercial (Venezuela, Irán, etc.) y al mismo tiempo suponen un riesgo político importante. Grandes empresas españolas abrieron filiales en

Venezuela y se encontraron con legislaciones confiscatorias de beneficios y múltiples presiones para vender al Estado o a un empresario amigo del poder.

Riesgos legislativos y regulatorios

Normas técnicas, homologaciones, obligación de traducir documentaciones y etiquetados, etc. En principio, son para proteger a los consumidores de cada país en cuanto a la correcta sanidad, calidad o seguridad de los productos que se importan. Sin embargo, en muchas ocasiones se han usado como medidas proteccionistas, para obligar a los exportadores a adaptarse a esas normas, simplemente para ocasionarles un coste adicional o imposibilitar la entrada al país.

Riesgos fiscales

Dependiendo del país, pueden existir, en mayor o menor medida e importancia, impuestos sobre transmisión de capitales, aranceles, limitación de repatriar beneficios, variaciones sobre la magnitud del impuesto de sociedades, etc.

Diferencias institucionales

En un nuevo país, si se emprende en solitario, las operaciones de la empresa comienzan de cero en cuanto a conocimiento del funcionamiento de las instituciones gubernamentales, mercados de capital, sindicatos, etc. Este hecho será más o menos relevante según el tipo de país de que se trate.

Diferencias culturales

Asimismo, pueden darse diferencias culturales por la disparidad de idiomas, gustos, costumbres, etc. Se pueden producir tanto entre el personal de la Central y el personal nativo, como a la hora de entender al nuevo mercado. Un ejemplo de esta falta de entendimiento de las costumbres locales puede ser el sufrido por empresas de *retail* que enviaron a sus tiendas en Arabia Saudí cartelería para decorar la tienda en la que aparecían mujeres vestidas con lencería. Tuvieron que sustituirlos rápidamente por otros que seguían las normas locales de decencia.

Las seis preguntas clave de la Internacionalización

Nuestra experiencia profesional en empresas de *retail* en varios países nos indica que una cosa es «abrir tiendas fuera» y otra muy diferente es internacionalizarse. La internacionalización supone realizar un ejercicio de análisis para que la empresa esté plenamente preparada para salir al exterior con éxito. Esto es clave, porque abrir tiendas fuera es relativamente fácil y también lo es tener que cerrarlas si no se hacen bien las cosas. El impacto para la marca (externo) y sobre la moral de la empresa (interno) pueden ser determinantes, con lo que nuestro consejo es seguir los pasos adecuados, hacer los deberes y ser pacientes.

Año tras año, ante las pobres perspectivas del mercado nacional y la competencia global, muchas empresas se preguntan por qué no salieron antes al mercado internacional. Sin embargo, la dura realidad de cifras negativas en muchos de sus puntos de venta (monomarca o multimarca) y los números rojos en la cuentas de resultados de tiendas propias y franquicias, hacen que las empresas se tengan que enfrentar al dilema de tener que cerrar algunos puntos de venta con la consiguiente pérdida de volumen de negocio y participación de mercado. Otras empresas llevan ya años compensando posibles pérdidas en mercado nacional con la venta creciente en el exterior.

Vamos a analizar el proceso de internacionalización mediantes estas seis preguntas:

1. **POR QUÉ internacionalizar.** Hace años, algunas empresas veían la internacionalización como una manera de «airearse» fuera, aprender y poder aplicar lo aprendido en el mercado nacional para crecer o defender su posición. De esta fase defensiva se pasó a una fase ofensiva: se sale fuera por la necesidad de crecer, viendo el mercado exterior como un complemento al nacional. Actualmente, la internacionalización es una necesidad para sobrevivir. Dentro de unos años, quien no esté fuera con fuerza, quedará reducido a ser un concepto de tienda o marca hiperlocal, aferrado a los valores de un territorio.

   Para empresas como Inditex o Mango, que se acercan al 80% de su facturación en el exterior, su exposición desde hace más de 20 años a los mercados exteriores ha hecho que mejoraran progresivamente el producto, la imagen de marca, el diseño de tienda, la gestión de las personas, los procesos, etc. y ello reforzara, en definitiva, su modelo de negocio, y con ello se acelerara su crecimiento. Empresas como Desigual, que ha multiplicado sus ventas año tras año, reconocen que la internacionalización es uno de los pilares de su modelo de negocio, o Shana, con un concepto de alto crecimiento, en apenas dos años de existencia firmó contratos de franquicia con los principales operadores mundiales de *retail*, con una previsión de crecimiento exponencial en los próximos años.

2. **CUÁNDO internacionalizar.** La internacionalización ha de ser *para ayer*, es decir, tan pronto como sea posible. Las empresas que todavía no están fuera se preguntarán: ¿estamos todavía a tiempo? Es imperativo ponerse a trabajar hoy mismo para internacionalizarse. Para ello, hay que analizar bien nuestra empresa y saber qué tenemos, qué debemos cambiar –producto, marca, personas, logística, sistemas, mentalidad (¡!)...– para dar el salto con las míni-

mas garantías. Una vez fuera, habrá que estar preparado para e-s-c-u-c-h-a-r realmente a esos mercados y hacer los cambios que sean necesarios. Si no es así, ¿para qué salimos?

Un buen activo para la internacionalización de nuevas empresas es la buena imagen que la marca España sigue teniendo en las calles y centros comerciales de todo el mundo, gracias a nuestras marcas líderes (Zara, Mango, Pronovias, Camper,...) que han dejado el listón muy alto.

3. **QUÉ se internacionaliza.** Antes de plantearse la internacionalización hay tres condiciones esenciales que tenemos que trabajar:
   - a. ha de ser un modelo de negocio rodado operacionalmente...
   - b. rentable..., con una propuesta *win-win* (ganar-ganar) para cualquier socio internacional del que vayamos de la mano,
   - c. diferenciado

4. **Con QUIÉN se internacionaliza.** Podemos abrir mercados con operaciones propias o acompañados por grupos locales que nos faciliten la entrada. Esto último imprescindible en partes del mundo donde por ley es imposible entrar directamente, o bien por la situación sociopolítica. ¿Qué buscaremos en estos casos?:
   - a. un grupo local consolidado con una profunda y exitosa experiencia de distribución de nuestro sector,
   - b. amplios recursos humanos,
   - c. recursos económicos para abordar la rápida expansión en el país,
   - d. cultura de empresa próxima a la nuestra,
   - e. persona que va a llevar nuestra marca: el *Brand Manager*. Esta persona es clave y, por tanto, se debe participar de manera muy directa en su elección, porque va a gestionar el proyecto y será nuestro interlocutor del día a día.

5. **DÓNDE se internacionaliza.** Los mercados más próximos y avanzados (Europa Occidental, Norteamérica) suelen ser los más difíciles debido a la gran competencia: todas las marcas del mundo ya están allí... esperándonos. Tendremos la opción, muy interesante, de entrar en los mercados donde hay menos competencia -emergentes- o donde hay grupos de *retail* e inversores especializados en llevar marcas a la zona (Oriente Medio y Lejano). Aprovecharemos, de esta manera, para rodar las operaciones internacionales, coger velocidad, y llegado el momento, afrontar mercados más difíciles...

6. **CÓMO internacionalizar.** Antes de dar el paso final de la internacionalización, debemos haber cubierto con éxito tres fases:
   - a. **Internalizar la internacionalización:** que la empresa esté realmente preparada para dar el salto al exterior, tanto desde el punto de vista estratégico como en el del análisis funcional de los diversos departamentos que se verán involucrados. Para esto, ayudará muchísimo que se haga un análisis DAFO -listado de las debilidades, amenazas, fortalezas y oportunidades-, con la ayuda de alguien que desde fuera nos asista en el análisis.
   - b. **Apuntar:** Determinar qué países son objetivo en nuestro plan de internacionalización, y de estos, cuales son prioritarios. A continuación, hacer un plan de implantación en los países elegidos para el año 1, año 2, etc.
   - c. **Disparar:** Es el momento de la verdad. En esta fase deberemos elegir la modalidad de implantación (monomarca, multimarca, franquicia o propia,...), asignar los recursos necesarios y empezar a rodar... Muy importante será el análisis de los primeros resultados, que nos permitirán tomar medidas correctoras, que incluirán los cambios necesarios para que se corrijan desviaciones y defectos iniciales.

Parte II

El proceso hacia la excelencia en tu punto de venta

5. ¿Qué es el valor en *retail*?

Si buscamos en el diccionario la palabra *valor* nos encontramos con la siguiente definición: «Cualidad por la que una persona o cosa merece consideración o aprecio. Valía».

De acuerdo con esta definición, debemos saber qué es aquello que es importante para nuestro cliente, es decir, a qué le da valor, y para saberlo debemos conocer quién es y cómo es.

Con el fin de ilustrar la forma en que una persona da valor a las cosas, podemos poner el ejemplo de un individuo al que no le gusta el café. Empezamos el experimento llevándole a un establecimiento de Nespresso. Lo que va a suceder es que todo el empeño que ha puesto la marca en crear valor para el cliente no va a ser comprendido ni valorado. Posiblemente lo único que esta persona reconozca como valor sea la practicidad de un café en cápsulas, y se olvidará de la calidad de producto, el asesoramiento y el gran esfuerzo en crear unas tiendas que cuidan en gran medida el detalle.

En cambio, hay otras personas que apreciarán el valor en distintos aspectos. Este colectivo busca conceptos que van más allá del precio, quiere apreciar la calidad del servicio, del producto, y va estar dispuesto a pagar algo más, porque entiende que el tiempo, conocimiento y experiencia en el punto de venta suman. El placer de disfrutar en muchos sentidos del establecimiento y sus productos y servicios, le ayuda a ser más feliz y aumentar su autoestima. Generalmente, se trata personas que valoran los detalles.

Superar expectativas: la experiencia

En *retail*, para aportar valor al cliente hay que superar siempre sus expectativas. Hay que buscar el efecto sorpresa y hacer que entienda que somos la mejor opción. Para lograrlo, nunca debemos olvidar los siguientes conceptos:

1. ¿Qué ofrecemos?
2. ¿Qué debemos mejorar?

Una tienda es como cualquier producto vivo: está en evolución continua y necesita adaptarse constantmente. Para conseguir esa adecuación permanente es fundamental preguntar y demandar recomendaciones a los clientes; y, por supuesto, ponerlas en práctica. Un punto de venta exitoso es aquel que ha realizado todos los cambios necesarios durante sus primeros tres meses de vida, y lo ha hecho gracias a la escucha y la observación de los clientes.

Imaginemos que vamos a un establecimiento de venta de chocolate con el objetivo de comprar alguno de sus productos. Cuando llegamos a la tienda vemos un lugar diferente a los demás, con una decoración novedosa, y que desprende mucho *glamour*. El escaparate está muy cuidado, como si de una joyería se tratase, y la gráfica de sus carteles es extremadamente atractiva y elegante. Todo ello nos hace pensar que la tienda ofrecerá un producto de calidad.

Conforme entramos en la tienda, empezamos a descubrir numerosos detalles: la música, la colocación de los productos, los colores, un equipo humano con una imagen excelente y unos uniformes de lo más original. Antes de poder asimilar lo que nos está fascinando, una dulce voz nos da la bienvenida y nos pregunta si es nuestra primera visita, al responder afirmativamente nos informa de los productos que ofrece la tienda, qué variedades de chocolate utilizan y de que la razón de ser del establecimiento es la de dar al cliente una nueva forma de entender la cultura del chocolate. La bienvenida se completa con la invitación a visitar dos salas anexas de la tienda.

En la primera estancia se halla la zona de degustación de productos, formada por una pequeña barra de baja altura con capacidad para diez personas. En este lugar, un chef elabora platos con chocolate, algunos con contraste dulce-salado. En el otro rincón de esta misma sala se ubica una gran exposición de bombones y otro tipo de productos elaborados con chocolate. Se trata de la zona de cultura líquido-sólido, donde una amable vendedora informa de cada chocolate y los da a degustar con diferentes maridajes líquidos. En definitiva, descubrimos una sala de cultura de cata del chocolate, donde los clientes viven experiencias tangibles.

Posteriormente hallamos la segunda sala, un lugar nunca visto en una tienda de chocolates. Es el llamado Taller, un espacio especial donde se producen dulces de chocolate y bombones. Se trata de una cocina muy bien diseñada y cerrada con cristal para que los clientes puedan observar desde el exterior. En este obrador, donde los clientes deben vestir uniforme, pueden aprender la elaboración de los productos que se venden en el establecimiento y, a la vez, entender la importancia de las materias primas.

El empeño del tendero por seguir mejorando se mantiene, como se aprecia con las preguntas de la vendedora: ¿Qué le ha parecido el establecimiento? ¿Le ha gustado? ¿Hay algún punto donde podríamos mejorar? ¿Le agradeceremos que pruebe nuestro producto y nos diga si ha superado sus expectativas de calidad?

La seguridad y el interés en que probemos el producto no deja duda que debe de ser algo excepcional. ¿Qué habría sucedido si el chocolate no hubiera estado a la altura, si fuese comparable a otros chocolates más comunes, si detectásemos una calidad un tanto baja? La respuesta es que todo el esfuerzo y toda la aportación de valor habrían sido en vano para el cliente.

Al finalizar la amable exposición de la vendedora ratificamos que este establecimiento no es un lugar común y que su objetivo es desprender valor para el cliente.

Nuestra visita a una tienda siempre debe concluir con una reflexión y análisis que se puede resumir en la siguiente pregunta: ¿qué valores aporta este establecimiento a sus clientes? La respuesta seguramente estará relacionada con los siguientes aspectos:

1. Experiencias únicas
2. Cultura de producto
3. Diferenciación
4. Excelencia
5. Ocio familiar
6. Calidad de producto

El valor del producto

Es muy importante tener presente que el cliente debe tangibilizar la excelencia del producto, si no, todo el contorno de valor que le añadamos no tendrá sentido y, a la vez, perjudicará en el precio final al imputarle los costes añadidos de valor.

El valor del producto para el cliente en Nespresso y Apple

La inversión de Nespresso en las tiendas, la publicidad y la formación de los empleados son elementos clave en la estrategia para ofrecer valor añadido para el cliente. Sin embargo, todos estos esfuerzos serán inútiles si no se alinean con el producto, es decir, con la calidad del café y su envoltorio. En caso de que el cliente perciba incongruencias en establecimientos y/o producto, este reaccionará con una disminución de sus compras.

De la misma manera, si el producto de Apple (teléfonos, ordenadores, etc.) falla o se estropea más de lo habitual, o un competidor lanza novedades con mejor tecnología y diseño, los clientes de Apple le van a comprar menos, a pesar de que sus establecimientos sean los mejores.

La diferenciación

Es imprescindible diferenciarse del resto de competidores en un mercado cada vez más competitivo, donde continuamente se abren más puntos de venta de un mismo sector. La fórmula está en ofrecer continuamente al cliente atributos diferenciales que superen las expectativas de compra.

Por otra parte, el cliente evoluciona y cambia sus hábitos. Se vuelve más exigente, tiene mayor conocimiento y más experiencia de compra. Todo ello hace que desee conocer nuevos lugares que le sorprendan y le hagan entender que está realizando una buena elección de compra.

En definitiva, es por la competencia y la evolución del cliente que los tenderos y las compañías de *retail* deben crear una estrategia para conseguir unas características propias, que le identifiquen ante el cliente y que sean atractivas, es decir, deben crear la fórmula que les defina.

¿Qué elementos podemos utilizar en *retail* para crear nuestra estrategia de diferenciación?

- Innovación
- Exclusividad
- Excelencia
- Calidad
- Tecnología
- Pionero

- Servicio
- Producto
- Emociones
- Precio
- Operaciones

Algunas empresas de éxito utilizan más de un elemento para conseguir el grado de valor que quieren ofrecer sus clientes. Si ponemos como ejemplo a Apple, se podría decir que el valor que ofrece a sus clientes se basa en la innovación, exclusividad, calidad, tecnología, es pionero, aporta servicio, utiliza una política basada en producto y la operativa es buena. Sintetizando, podemos concluir que Apple es bueno en desarrollo de producto y satisfacción del cliente. Qué más se puede pedir, es difícil superar a un competidor que es tan bueno en tantos atributos diferenciales.

Como hemos dicho hasta ahora, el mantenimiento de una marca solo se conseguirá siguiendo una línea de diferenciación y de valor. Es importante ser conscientes que para conseguir la pervivencia de la marca siempre se debe trabajar en ello, se trata de una tarea sin fin.

Para que podamos conseguir la diferenciación adecuada es preciso elaborar un plan de acción coherente. Debemos tener un buen autoconocimiento de nuestro negocio, es decir, debemos saber siempre dónde somos diferentes, dónde somos los mejores y cómo nos comunicamos con nuestros clientes.

Primeros pasos para aportar valor en *retail*

Vamos a trabajar un poco para crear tu propuesta de valor para el cliente. Lo primero que debes hacer es una lista sobre lo que ofrece tu negocio. Es importante que antes de anotar las primeras reflexiones te remontes a los orígenes de la empresa y pienses o busques cuál fue la razón que motivó su puesta en marcha. Después de indagar en los orígenes y hacer un viaje en el tiempo, deberás comparar el punto de partida con la empresa actual y hacerte las siguientes tres preguntas:

1. ¿El negocio actual, se parece a la empresa inicial?
2. ¿Aporta el mismo valor diferencial?
3. ¿El *target* de cliente de hoy es el mismo que el de antes?

Cuando compares los resultados no te sorprendas si estos han cambiado mucho, lo realmente importante es que sigas aportando valor para el cliente y que este se sienta cómodo con el valor que le aportas.

Una vez verificado perfectamente qué vende tu empresa y por qué el cliente lo debe comprar deberás planificar tu estrategia de valor. Es el momento de definir qué vas hacer para que el cliente detecte tu valor diferencial:

- ¿Qué valor quieres aportar a tu cliente? ¿Ya lo sabe?
- ¿Qué valor percibe tu cliente? ¿Lo conoce?
- ¿Tienes alguno de los atributos de valor del siguiente cuadro?

Producto	**Plaza**	**Equipo**	**Marca**	**Experiencias**
Calidad	Amplitud	Amabilidad	Reconocimiento	Ocio
Packaging	Orden	Formación	Líder	Entusiasmo
Innovación	Decoración	Conocimiento		Aprendizaje
Exclusividad	Iluminación	Asesoramiento		
Color		Actitud		

La recuperación del valor en Starbucks

En 1997 Howard Shultz, Presidente de Starbucks, vivió su primera crisis. Se dio cuenta que necesitaba darle aire fresco a la compañía y devolverle el valor perdido.

Starbucks siempre ha querido ofrecer una calidad de producto diferenciado. Para ello se centra en su producto , el café. Sin embargo, en aquellos tiempos, Schultz se frustraba al ver que en sus establecimientos el café había perdido fuerza y ya no era el valor del punto de venta. Se dio cuenta que los sándwiches y productos alternativos hacían perder fuerza al valor diferencial que quería para sus tiendas. Gracias a esa constatación inició una estrategia para recuperar el valor perdido.

Cuántos *retailers*, no son conscientes de la pérdida de valor de sus establecimientos. Abre bien los ojos y estáte alerta para evitar la disminución de su valor diferencial. Por otra parte, el cliente siempre va a poner en práctica la siguiente fórmula cuando compra en un establecimiento:

SATISFACCIÓN = Qué me cuesta – Qué me ofrecen

Si el resultado es positivo es un buen síntoma para el establecimiento. En cambio, si el resultado sale negativo, el cliente dejará de ser un cliente o le dará una segunda oportunidad cuestionable. La buena noticia es que hay muchas tipologías de cliente y muchos atributos por los que el consumidor va a tener la necesidad de estar conectado con tu establecimiento.

6. Las 7 P del *retail*

A partir de nuestra experiencia profesional nos hemos dado cuenta que es necesario aplicarnos en una serie de aspectos y seguir unos pasos de forma ordenada para llegar al éxito en nuestro negocio. El método que hemos creado se llama las **7 P del *retail*** y responde al flujo de procesos que debemos desarrollar para llevar una gestión excelente. El nombre responde a los distintos elementos que forman parte de un establecimiento: Plaza (o espacio, emplazamiento), Producto, Personas; Procesos, Precio, Promoción y Posicionamiento. No obstante, para implementarlo hemos aplicado nuestra filosofía de trabajo, que hemos bautizado como XSMARTRETAIL, de la que te hablaremos más adelante.

Mapa de flujo de las 7 P del *retail*

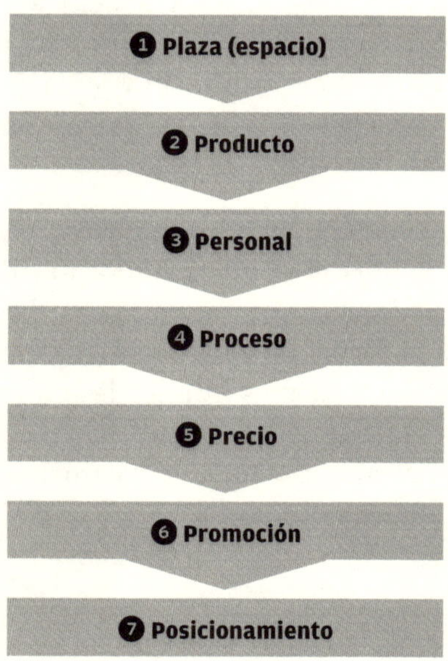

Durante la visita de los clientes a un establecimiento se produce un reconocimiento y análisis de todos los aspectos que lo envuelven. Del resultado consciente e inconsciente de la observación de las 7 P se produce la decisión de compra del cliente.

¿Qué debe suceder para que las empresas tangibilicen el éxito?

Para conseguir el éxito en nuestro negocio es fundamental ser estrictos en el seguimiento de cada paso las 7 P. Por poner un ejemplo de actuación incorrecta, nos encontramos con que en el punto de venta actúan diferentes elementos. Individualmente pueden fascinar y dar resultado inmediato, sin embargo, cuando se exponen todos a la vez y no son sostenibles al factor tiempo, acaban por ceder. Es lo que muchas veces denominamos «cortinas de humo» o «cartón piedra», es decir, bonito por fuera y frágil por dentro. Si eres cliente y has picado una vez, no vas a caer nuevamente, sino que harás saber los defectos a otros clientes. Si el problema persiste no habrá vuelta atrás: el punto de venta perderá todo su encanto, se convertirá en un lugar cerrado o sobrevivirá a base de clientes nuevos, siempre y cuando el lugar tenga un buen flujo de paso.

Para conseguir la cohesión de las diferentes P debe haber una coordinación y una misma visión de todos los miembros de la organización. De nada sirve que propietarios o directivos tengan muy clara cuál es la forma de aportar valor entre su clientela, cuando el resto de las personas implicadas en la organización actúan desde otra perspectiva. Es inútil enseñar si no se entiende lo que se está enseñando. Toda la organización debe saber los por qué de la apuesta de valor.

¿Conoces las 7 P de tu establecimiento?

Para trabajar fielmente sobre tu establecimiento, por favor, enumera, en la tabla que tienes a continuación, los cinco atributos más destacados de tu tienda, en relación a cada una de las 7 P. Es importante que no escribas tu ideal, sino lo que realmente aportas hoy a tus clientes.

Las 7 P de mi establecimiento

Plaza	Producto	Personal	Proceso	Precio	Promoción	Posicionamiento
1.	1.	1.	1.	1.	1.	1.
2.	2.	2.	2.	2.	2.	2.
3.	3.	3.	3.	3.	3.	3.
4.	4.	4.	4.	4.	4.	4.
5.	5.	5.	5.	5.	5.	5.

Después de haber completado los atributos que dan valor a tu empresa, pide a algunas personas de confianza de tu organización que hagan lo mismo. Después, compara los resultados.

Las 7 P de mi establecimiento (equipo de confianza)

Plaza	Producto	Personal	Proceso	Precio	Promoción	Posicionamiento
1.	1.	1.	1.	1.	1.	1.
2.	2.	2.	2.	2.	2.	2.
3.	3.	3.	3.	3.	3.	3.
4.	4.	4.	4.	4.	4.	4.
5.	5.	5.	5.	5.	5.	5.

Análisis, diagnóstico y acción

El método que hemos elaborado para iniciar la actuación sobre las 7 P es el XSMARTRETAIL. El origen de esta denominación está en nuestra forma de actuar como consultores. Nuestro objetivo consiste en conseguir resultados relevantes a través de pequeñas actuaciones, es lo que llamamos las *Small Fast Solutions* o soluciones XS. Y, al mismo tiempo, que respondan al acrónimo SMART (Specific, Mesurable, Activable, Realistic, Time), es decir, específicas, medibles, realizables, realistas y en un tiempo determinado. En resumen, nuestra filosofía en *retail* se basa en realizar acciones rápidas, flexibles y con un presupuesto ajustado. Esto es lo que te vamos a explicar en las próximas páginas.

Para empezar, vamos a realizar una investigación honesta sobre la identidad de nuestra empresa: quiénes somos, qué queremos ser, en qué somos fuertes, cuáles son nuestras oportunidades, etc.

Paso 1: Análisis

En el paso de análisis vamos a definir los aspectos fundamentales de tu negocio y a enumerar lo que nos hace fuertes, nuestras oportunidades, las debilidades y las amenazas.

1. **Tu Estrategia.** ¿Qué tipo de estrategia vas a seguir en tu tienda, es decir, cuál es tu razón de ser: calidad, cantidad, exclusividad, *low cost*, etc.? Es tu punto de partida. Piensa qué es lo que te define en cada materia de las 7 P: si eres *low cost* la estrategia será de precio, si eres exclusivo será de posicionamiento, si apuestas por la calidad será de producto o servicio, etc. Por ejemplo, las cadenas Decathlon y Media Markt son empresas que trabajan su estrategia en base al precio.

2. **Tu Diferencia.** ¿Por qué la gente va a venir a tu tienda a comprar? ¿Qué va a diferenciar tu tienda de otras? Si estás marcando tendencia en innovación, será un elemento de producto. Si vas a precio puede que sea precio o promoción.
3. **Tu Valor.** ¿Por qué crees que la gente te está acreditando un buen reconocimiento? ¿Por qué crees que los potenciales clientes están dispuestos a desplazarse, pagar más, recomendarte, disfrutar de la compra? En definitiva, ¿dónde está tu valor en la tienda?
4. **Tu Debilidad.** ¿En qué crees que eres susceptible? ¿Dónde te está cogiendo cuota de mercado la competencia? ¿Qué crees que haces muy mal?

Una vez conocidos los resultados de este primer análisis, que te aportará los fundamentos de tu identidad, deberás analizarlos a partir de la enumeración de tus debilidades, amenazas, fortalezas y oportunidades –DAFO–. Cuando lo tengas listo, haz los DAFO para otras dos tiendas que sean competencia directa tuya. Compara los resultados y observa las diferencias.

DAFO

TU ESTRATEGIA. _________

Debilidades	Amenazas
Fortalezas	Oportunidades

TU ESTRATEGIA. _________ **Competencia 1**

Debilidades	Amenazas
Fortalezas	Oportunidades

TU ESTRATEGIA. ________ Competencia 2

Debilidades	Amenazas
Fortalezas	Oportunidades

Paso 2: Diagnóstico

Una vez hecho este análisis interno y externo, podrás realizar un diagnóstico de la situación. Nos interesa saber cómo estás en cada una de las 7 P. Puntúa del 1 al 10 (considerando 1 el valor de menor puntuación y 10 el de mayor) en base al resultado de los análisis anteriores. Si tu puntuación en cada P es inferior a 7, tienes serios problemas y debes empezar a trabajar de inmediato. Si obtienes un resultado superior a 7, es un buen logro, pero no te relajes.

Tabla de diagnóstico de las 7 P

	1	2	3	4	5	6	7	8	9	10
Plaza										
Producto										
Personal										
Proceso										
Precio										
Promoción										
Posicionamiento										

Paso 3: Plan de acción

Después de tener un cierto autoconocimiento de nuestro establecimiento y un diagnóstico de nuestra situación, debemos activar la siguiente fase. Es necesario hacer un plan de acción y asignarle un calendario.

Calendario de tareas

Plan de Trabajo

Num.	Tarea	Líder	Comienzo	Final	Duración (dias)	Enero	Febrero	Marzo	...	Noviembre	Diciembre
1	Las 7 P´s										
1	Plaza										
2	Producto										
3	Personal										
4	Proceso										
5	Precio										
6	Promoción										
7	Posicionamiento										

Sé paciente, un proceso de mejora de las 7 P puede durar más de un año. Una vez hayas finalizado la implantación del plan de acción, establece mecanismos de control de las 7 P, para que no decaiga. Por otra parte, es importante mantener la cohesión y la unión entre todas las P, debes evitar el desequilibrio en la estrategia global.

Preliminares antes de construir tu valor. Define ¿quién eres? y ¿qué quieres ser?

La atención continuada sobre las 7 P es lo que va a determinar la excelencia de tu establecimiento y la coherencia en lo que realmente está ofreciendo. No obstante, es necesario que sepas quién eres y qué quieres. Sin este ejercicio difícilmente entenderás por qué tu establecimiento está lleno o vacio. Antes de continuar es importante que definas tu negocio.

Hay muchos grandes empresarios que no tienen claro qué línea seguir y basan su estrategia en una improvisación continua, simplemente respondiendo a los resultados.

En *retail* hay que tener muy presente que algunos conceptos tardan en ser comprendidos por el cliente. En algunos casos se tienen que dejar un tiempo prudencial y hacer una serie de adaptaciones al entorno del mercado, para que este sea receptivo. Si no sabemos qué queremos y qué ofrecemos, no habrá cambio que valga, estaremos perdidos.

A continuación te facilitamos algunas preguntas clave para definir tu negocio y, lo más importante, tu grado de implicación:

- ¿Cuál es tu sueño?
- ¿Cuál es el motivo por el que inicias tu actividad empresarial?
- ¿Qué quieres conseguir con tu establecimiento?

- ¿Por qué los clientes tienen que venir a tu/s establecimiento/s?
- ¿Qué tiene tu establecimiento que no tengan los otros?
- ¿Quién es tu cliente?
- ¿Quién es tu competencia y qué ofreces que aporte valor respecto a ella?
- ¿Conoces la cadena de valor de tu competencia?
- ¿Qué vendes?

A partir de la reflexión que has realizado con las preguntas anteriores tendrás los elementos para contestar a dos aspectos clave –la filosofía interna y la imagen que quieres proyectar de ti– sobre los que construirás tu proyecto. Se trata de crear un ideario estratégico con la razón de ser y el propósito de tu negocio:

- **¿Cuál es mi misión?** Define la razón de ser de la empresa, a través de una mirada introspectiva a la organización.
- **¿Cuál es mi visión?** Es todo aquello en lo que nos queremos convertir y que actualmente no somos. Es nuestro propósito, nuestra meta, nuestro sueño alcanzable y realizable. Es una mirada hacia el mercado.

MisNOTAs. Definición de misión y visión (caso ficticio)

Misión: Tienda que comercializa libretas Moleskine personalizadas.

Visión: Ser la solución para las personas creativas.

Sueño: Quiero tener una tienda donde la gente haga realidad sus sueños, y que lleve consigo algo tan importante como son las notas, de una forma personalizada. Se puede pedir más valor. Para ello el espacio de la tienda tendrá que ser innovador, creativo, con información, fácil de leer. Deberá ser muy visible. El producto tendrá una gran importancia, es la esencia.

El equipo será experto en tomar notas y como fan de Moleskine, será el asesor ideal para un cliente adicto a una libreta que mueve el mundo de cada uno.

El proceso será fácil y de rápida elección. El precio será justo, la promoción será continua y con posibilidad de ventas cruzadas. La difusión se realizará de forma económica, a través del boca-oreja entre los clientes.

---

7. Tu plaza única

Una vez realizado el análisis de nuestro negocio y decidido sobre qué atributos identitarios nos vamos a asentar y qué estrategia vamos a seguir, debemos empezar a actuar en la primera P, la de la plaza, es decir, nuestro emplazamiento, nuestro espacio. Nuestro primer peldaño consiste en la búsqueda de una ubicación y un recinto. Debemos interrogarnos acerca de los parámetros que nos permitirán encontrar el emplazamiento más adecuado. Estas son la preguntas:

- ¿Dónde vamos a poner nuestro punto de venta?
- ¿Cuántos metros cuadrados va a tener?
- ¿Cómo será el acceso?
- ¿Tiene buena visibilidad?
- ¿Cuál es el flujo de gente?
- ¿Es una buena zona?
- ¿Cuántos establecimientos del sector hay en la zona?
- ¿El local debe hacer esquina?

  A pesar de que cada sector tiene sus particularidades, una vez decidida la ubicación, el espacio elegido será determinante en la estrategia comercial. En marketing siempre se ha hablado de la importancia de la situación del punto de venta, no obstante, hay muchas más variables a tener muy en cuenta en la determinación del local y que van a condicionar el valor diferencial del espacio:
- ¿Cuántos metros serán suficientes para aportar valor al cliente? ¿Y a la empresa?
- ¿Cómo será la distribución del local?
- ¿Qué recorrido va a realizar el cliente por el establecimiento?
- ¿Hay espacio suficiente en la ruta del cliente para sentirse cómodo?
- ¿Cómo es la iluminación del recinto?

- ¿En qué momento habrá más afluencia en la tienda para acondicionar la iluminación? ¿Habrá música? ¿Cuál?
- ¿Tenemos en mente una zona de descanso o ocio para el equipo de vendedores?
- ¿Pensamos en el divertimento de los niños en nuestro establecimiento? Debemos tener en cuenta que su aburrimiento hará que molesten a sus padres hasta lograr su objetivo, irse.
- ¿Cómo va a ser la decoración? ¿Contrataremos un decorador con firma? ¿Seremos nosotros los decoradores?
- ¿Sabes que un buen decorador puede hacerte ganar mucho dinero? Mejorará la distribución, resolverá conflictos de almacenaje, creará estatus en tu establecimiento...
- ¿Hay alguna normativa administrativa a cumplir que te condicione la selección del recinto? Este aspecto es especialmente relevante antes de iniciar cualquier obra de habilitación del local.

  El espacio es el atributo que identifica y define claramente quiénes somos. El tipo de decoración identifica claramente nuestros valores y filosofía, es comunicación pura, habla por nosotros. En el espacio está la determinación de que un cliente entre o no entre. Es sumamente importante y clave seducir al cliente con nuestro espacio, es necesario despertar emociones desde el exterior. Una vez el cliente ha entrado al establecimiento hay otras herramientas para motivar sus decisiones de compra.

Descrita la importancia de la imagen de nuestra tienda, todo buen gestor de *retail* deberá hacer las siguientes verificaciones:

- ¿Resulta atractivo el establecimiento?
- ¿Invita a entrar?
- ¿Gusta o no gusta?
- ¿Nos da a entender quiénes somos, qué vendemos?
- ¿Comunica claramente a quién nos dirigimos?

En definitiva, vamos a ser los que vamos a construir nuestra imagen, que será la primera percepción del cliente y la más determinante. Ciertamente, la conocida expresión «la primera impresión es la que cuenta» es uno de los mandamientos clave de *retail.* Así pues, es importante que dediquemos tiempo en crear el espacio que queremos ofrecer.

Vamos a ver unos ejemplos para entender el impacto que la puesta en escena del espacio tiene en los clientes. Hemos seleccionado casos de alimentación, tecnología y moda para comprobar que el cuidado del espacio se da en cualquier sector.

Casos de éxito en la creación del espacio único

Le Pain Quotidien, pan como el de antes

Le Pan Quotidien es una tienda de éxito de venta de pan ubicada en diferentes países. (www.lepainquotidien.com). Centra su espacio con una decoración atractiva y cualitativa. Su valor distintivo se focaliza en la artesanía, la cercanía y la familiaridad. Para transmitirlo usa materiales nobles, como la madera, y utiliza espacios con mesas grandes, donde el acto de compartir está muy presente. La tienda se convierte en un punto de encuentro para diferentes horas del día y en ella se puede disfrutar de la degustación de un producto básico: el pan y sus complementos.

Desde sus inicios Le Pain Quotidien ha desarrollado una expansión que en pocos años le ha dado unos resultados extraordinarios.

Apple, el templo de la tecnología

Otro ejemplo extraordinario son las tiendas Apple. Se respira tecnología y minimalismo en cualquiera de sus puntos de venta (www.apple.com).

A pesar de aparentar un mobiliario sencillo, en realidad es todo lo contrario. Los muebles están estudiados y realizados exclusivamente para estas tiendas. La gran mayoría de ellos esconden cajas registradoras, lectores de barras, bolsas, etiquetadoras y otras herramientas para el buen funcionamiento del establecimiento. Para el cliente se trata de muebles limpios y ordenados.

El diseño y la atmósfera creadas hacen que una vez dentro de la tienda se respire futuro, innovación y tecnología, todo lo que debe comunicar una tienda de este calibre y, por otro lado, lo que los clientes esperan de Apple. Toda la gama de productos que dispone la marca está en exposición y se puede probar. Cada mesa ubica una línea de productos y la comunicación en cartelería informa sobre la última novedad.

Si en el mundo del *retail* tuvieramos que poner un ejemplo de éxito, ese sería Apple. Todos queremos ser Apple, una empresa que vende un producto de alto valor adquisitivo, y que es campeona de su segmento a pesar de que existen productos alternativos a precios más bajos. El trabajo en torno a la marca siempre se ha dirigido a crear una comunidad de clientes fieles, aspecto que han cuidado notablemente en el diseño de su espacio y que da apoyo, nuevamente, a los intangibles de la marca. Han creado una nueva forma de entender la tecnología, fomentando la Apple-adicción, o dicho de otro modo, han conseguido que los clientes adquieran todos los dispositivos de la marca, porque siempre se utiliza el mismo lenguaje y los productos se pueden comunicar entre sí.

Abercrombie & Fitch, de los deportes al aire libre a la moda

Una empresa que hace de la decoración un valor diferencial en el sector moda es Abercrombie & Fitch (www.abercrombie.com). Se trata de una marca nacida en New York, que tiene sus orígenes en tiendas de material para deportes al aire libre (pesca, etc.) y se reinventó, convirtiéndose en una tienda de moda. El enfoque que dio a sus establecimientos es el de una discoteca, con ambiente nocturno, diferentes pisos y música a gran volumen. Externamente, la tienda no tiene escaparates, hecho que aumenta la curiosidad por saber qué pasa dentro. Este aspecto ha ayudado notablemente a crear grandes colas de espera para entrar. El objetivo de sus promotores consiste en transformar la compra en una parte más de un momento lúdico y de diversión, aspecto que es totalmente congruente con el público jóven al que se dirigen.

Pasos a seguir para crear un espacio único

Las empresas de *retail* de éxito tienen un patrón estándar de normas para las tiendas, también llamado ficha del establecimiento, que posteriormente adaptan a cada recinto.

Ficha del establecimiento

Elemento	Correcto	Incorrecto
Limpieza	Las paredes, suelo, cristales, mostrador y el resto de la tienda están limpios. Los productos sin polvo, estanterías limpias, toldos y cartelería limpia. El espacio esta ordenado y libre de objetos.	Se detectan más de dos parámetros con deficiencia, o bien una sola muy grave. En definitiva no está limpio.
Exposición de producto	Los productos están expuestos, por secciones separadas y ordenadas de forma vertical. Todos los productos están bien identificados. Crea un impacto visual atractivo de cara al cliente.	La exposición de productos no sigue ninguna lógica. Las secciones están desordenadas. La mayoría de los productos no están debidamente identificados.
Acciones comerciales	La tienda hace un correcto uso de las herramientas de promoción. Están bien identificadas de cara al cliente.	No se implantan las acciones comerciales propuestas por la empresa, no se saca partido a las herramientas facilitadas, no se cuida la marca.
Cartelería	Muchos productos destacan gracias a la cartelería. Existen monográficos de producto, cada cartel se coloca en el lugar adecuado. Todas las acciones tienen cartel.	Existe un número considerable de productos y acciones comerciales sin cartelería. Carteles en mal estado o de acciones finalizadas.
Iluminación	Toda la iluminación funciona de forma correcta. Las luces iluminan el producto. Se realiza un mantenimiento correcto del sistema de iluminación.	Falta luz, no se hace un buen mantenimiento del sistema de iluminación. No se cumple el horario de iluminación establecido.

Este patrón se distribuye en los establecimientos para que sepan en qué forma se debe actuar en distintos aspectos y cuáles son los errores a evitar. ¿Tu establecimiento dispone de esa ficha? Será imprescindible si quieres que tu negocio sea cadenable y crezca. Es el primer paso del camino hacia el crecimiento de tu proyecto.

Entremos sin más preámbulos a crear tu concepto de espacio y tu fórmula comercial. Debes diferenciar lo que ve el cliente o siente y lo que no ve o no siente dentro del establecimiento.

1 Lo que ve el cliente

- **Ubicación.** El cliente se va a fijar en el emplazamiento del establecimiento para hacerse una idea de a quién te quieres dirigir y si la zona es buena o no. Todo cliente tiene un pequeño conocimiento del valor del alquiler por zonas y clasifica sus marcas en torno a su ubicación. Buenas marcas descartan localizaciones a pesar de tener una buena oportunidad de negocio, simplemente para ser coherentes en su mensaje y no confundir a su clientela.

  O al revés, muchas marcas utilizan ubicaciones excesivamente buenas, con alquileres tremendamente costosos, donde son conscientes de que jamás tendrán beneficios. Simplemente lo hacen por un tema de imagen. Les compensa invertir en el posicionamiento de la marca a través de la ubicación de su punto de venta. Este hecho se observa en las calles más caras de ciudades con una gran afluencia de público internacional como Nueva York, París, Barcelona, etc.

  En *retail* nuestro consejo es que los establecimientos deben ser rentables, por lo que es fundamental tomar una decisión en base a los costos del establecimiento. Evita la asfixia por un alquiler muy caro, si realmente no puedes absorberlo con un gran flujo de gente y ventas. Mensualidades altas requieren ventas altas y gran facturación, ¿ te lo puedes permitir?

Las previsiones de venta siempre son eso, previsiones. Es importante hacer un pronóstico con las ventas más desfavorables, por lo que pueda pasar.

Si tu previsión no la puede absorber la cuenta de explotación, no inviertas en el local. Es mejor arrepentirse con el dinero en el bolsillo que tener que cerrar el local y descapitalizarse.

Un método clásico para hacer una extrapolación de las posibles ventas del local consiste en ponerse delante del establecimiento seleccionado. Se trata de situarse allí durante una semana y, con la ayuda de un contador, calcular cuántas personas pasan por delante del local. Si con el 10% de estas personas no consigues hacer rentable tu negocio, es que no es el lugar adecuado.

Otra de las variables importantes en la ubicación de tu espacio de *retail* es la posición y durabilidad de la luz natural. Si nuestro establecimiento no es un local nocturno, hay que tener muy en cuenta la entrada de luz. La dimensión y colocación de las ventanas nos dará un punto de venta más o menos luminoso. El hecho es que los clientes valoran mejor los establecimientos luminosos. Además, el aprovechamiento de las horas de luz nos permitirá un ahorro energético y un menor impacto en los gastos fijos.

- **Dimensión del establecimiento.** ¿Cuántos metros va a necesitar tu establecimiento para poder desarrollar una actividad de forma normal, aportando todas las variables necesarias para que el local aporte valor diferencial al cliente?

Es necesario establecer una horquilla que se adapte a tus necesidades. Por ejemplo, hay empresas que ubican sus establecimientos en diferentes formatos comerciales: tiendas de calle, centros comerciales, galerías, aeropuertos, *corners*, etc.

Si imaginamos una óptica, podemos hacer una ficha con tres categorías:

- Tienda de calle (100m^2-150m^2)
- Aeropuerto (20m^2)
- Centro comercial (40m^2)

Así, hemos definido tres formatos para un mismo establecimiento. Cuando la empresa decida ir en búsqueda de un local ajustará la ficha a la situación particular de cada caso. Cabe advertir que para gestionar de forma fácil, es importante homogeneizar las categorías de los establecimientos.

Un gran error realizado por algunas empresas consiste en no guardar ninguna coherencia entre los establecimientos que inauguran. Es un problema a nivel de gestión interna. Por otra parte, el cliente no entiende cuál es el formato de la empresa ni ve un orden y una planificación bien gestionada en la expansión. Todos estos aspectos son contradictorios o imcomprendidos por el consumidor. En definitiva, la falta de una línea clara en la dimensión de los establecimientos es algo que penaliza la imagen ante los clientes.

- **Decoración.** Así como en el sector de la restauración es muy frecuente contratar a importantes decoradores para asegurar el atractivo y la rentabilidad de los establecimientos, en el *retail* no es tan habitual.

  Recomendamos encarecidamente la participación de los diseñadores en la definición de los puntos de venta, su visión normalmente va siempre más centrada al cliente.

  Es habitual que los directivos o propietarios de *retail* tiendan a hacer las tiendas que les agradan a ellos. De esta manera, los diseños tienden a ser funcionales, es decir, son prácticos para el trabajo interno y se olvidan del cliente. El decorador de prestigio suele realizar los proyectos para agradar al cliente y no a sí mismo.

El cliente debe sentirse cómodo, especial, envuelto en un local de moda, que marca tendencia, y que no por ello renuncia a la comodidad de la experiencia de compra de distintos productos y la permanencia en el local.

La inversión en un buen diseñador de interiores es el camino necesario para el éxito futuro. Ante la duda, la pregunta que debes formularte es ¿quieres crear valor en tu espacio?

Es importante tener en cuenta que antes de encargar el proyecto a un decorador nos tenemos que asegurar que se empapa de la cultura de la empresa. Se trata de que entienda bien nuestro concepto y lo transmita en el diseño del espacio.

No por ser un decorador con firma te debes quedar con la primera propuesta, si realmente no te sientes cómodo con el borrador que te presenta, debes pedir más propuestas. No traiciones a tus ideales, debes dejarte influir aunque sin dejar de sentir pasión por tu establecimiento. Si no te gusta lo que ves, no lo querrás enseñar con orgullo. Debes enamorarte de tu espacio.

Casos de éxito en diseño de espacios

Prada, la tienda museo

La tienda Prada de Nueva York, ubicada en el Soho, fue diseñada por el arquitecto Rem Koolhaas. Su diseño es tan espectacular, excelente y diferente que muchas personas que no son clientes van a visitarla por el hecho de ser una obra de arte, es única. Además, el hecho de que su autor sea muy conocido la convierte en una de las más visitadas del Soho.

Santa Eulalia

Santa Eulalia, tienda de moda histórica de Barcelona, contrató al diseñador William Sofield para reinventar su espacio y hacer del lujo algo mucho más exclusivo, moderno y diferenciado, convirtiendo un lugar ya entonces exclusivo en lugar para quedarse a vivir. La tienda consiguió captar una clientela nueva, de distintos países y con alto poder adquisitivo, que antes de la reforma no entraban en el establecimiento.

- **Música.** ¿Qué música pones en tu establecimiento? La música es un recurso que muchas veces sirve de compañía para que el cliente se sienta a gusto y tenga una sensación de libertad.

  Los silencios en los establecimientos son negativos, se oyen las conversaciones de los clientes o del equipo de ventas, te puedes llegar a sentir observado, sientes malestar en el ambiente.... No hay nada peor que sentirte incómodo en la acción de compra. Los espacios pequeños en muchas ocasiones son más engorrosos que los establecimientos de mayores dimensiones.

  En el sector del *retail* se suele decir que la mejor música es el asesoramiento de los vendedores y las conversaciones que ofrecen a sus clientes. Lamentablemente, hay ocasiones en las que el equipo de ventas no actúa como debería y utiliza incorrectamente sus silencios. Una buena fórmula para evitar el silencio en el ambiente es poner una buena música de fondo.

  Como pasa en otros detalles, la elección de la música es muy importante. Su coherencia con el resto de elementos va a aportar congruencia a nuestro discurso y la imagen que proyectamos.

  Es evidente que la música de U2 en una tienda infantil no es la mejor para su pequeño público. De hecho, una música inadecuada puede ahuyentar a los clientes. El cliente se debe sentir agradablemente envuelto por la música que escucha. Es un atributo que suma en la experiencia de compra del cliente y no al revés.

- **Señalización.** ¿Le es fácil al cliente desenvolverse en el punto de venta? Hay diferentes requisitos claves a la hora de señalizar una tienda. Para empezar, cuando el establecimiento adquiere una serie de dimensiones donde podemos perder de vista al cliente desde un solo punto, se hace imprescindible el uso de una buena señalización.

  Debemos tener siempre presente que el factor tiempo es un valor para el cliente y la seguridad también. Es imprescindible hacer sentir al cliente que todo está controlado y que en todo momento va a tener la facilidad para acceder a cualquier lugar del punto de venta, es decir, que siempre va a tener la información que necesita para llegar a donde quiera.

  ¿Cuántas veces nos hemos encontrado en centros comerciales donde nos volvemos locos buscando una sección por una inadecuada señalización?

  Es recomendable que cuando señalizemos la tienda, aprovechemos para hacer marca. Muchos establecimientos de éxito personalizan sus señalizaciones con la tipografía y colores corporativos. Es un grado de valor que saben utilizar muy bien a su favor y que el cliente aprecia.

  Es fundamental interiorizar que el cuidado de los detalles es un valor para nuestro consumidor y nos lo va agradecer en un futuro.

  Por otro lado, hay señales que son de obligado cumplimento, como la información de las hojas de reclamaciones, notas de uso para los empleados u horario del establecimiento. Su ubicación y estilo se pueden aprovechar para generar un atractivo y un grado de diferenciación frente al resto de competidores. Aprovechémoslo y seamos diferentes.

Finalmente, es necesaria cierta autocrítica. En este sentido, debemos escuchar a los clientes acerca de las mejoras en la señalización. Ellos son los que se encuentran con los problemas y, por tanto, nos darán una información preciosa para dar mejor servicio.

- **Aseos.** Los aseos son un elemento muy importante en un punto de venta. Si su imagen es mala, la impresión de los clientes hacia nosotros también será mala.

  Tom Peters, en su libro *En busca de la excelencia*, dedica tres páginas a la importancia de cuidar los detalles del establecimiento. De hecho, pone de relieve la correlación entre la rentabilidad de los restaurantes y la limpieza de sus aseos.

  A fin de gestionar correctamente la higiene de los servicios, es importante tener un cuadro de limpieza operativo.

- **Zona Infantil.** Es frecuente que las compras se realicen en familia. El punto de venta no solo es un lugar pensado para visitarlo y comprar, sino que en diferentes ocasiones vamos a utilizarlo para disfrutar del ocio del *retail*, que consiste en pasear y observar la estética y los productos de los establecimientos. En este contexto, el cliente va a agradecer que pienses en los miembros de su familia. El hecho de que tengas un lugar de esparcimiento para los niños hará que seas el lugar elegido para hacer las compras con tranquilidad y normalidad.

  Estamos en la era de la inmediatez y el entretenimiento. Los más pequeños ya han nacido con este concepto, por lo que si no se encuentran entretenidos, rápidamente van a incordiar a sus padres hasta que dejen el establecimiento. Nuestro objetivo es que los clientes pasen el máximo tiempo en el establecimiento. De este modo, tendrás más posibilidades de seducirle y que sus compras aumenten. Así pues, si tu público está formado por familias, planifica un lugar específico para niños, es decir, un rincón donde puedan jugar, donde puedan distraerse, donde puedan culturizarse, donde se encuentren felices y a gusto.

A pesar de lo comentado, hay muchas ocasiones en las que las dimensiones del local impiden dedicar un espacio a los más pequeños. En ese caso, piensa en entretenerles con alguna forma de distracción que no requiera espacio: regala una hoja estilo cómic para que la pinten, instala una pantalla interactiva, etc.

Apple ha habilitado una zona para niños con ordenadores en mesas a su medida y maravillosos asientos en forma de bola. Allí pueden jugar mientras sus padres están comprando en la tienda.

- **Exposición de producto.** El cliente compra por la vista, lo que significa que es muy importante que tengas una exposición del producto fácil de identificar y colocada de forma atractiva. Es imprescindible que estudies continuamente la forma en que colocas el producto y conozcas las diferentes técnicas de *merchandising* que puedan ayudarte a aumentar las ventas. Como norma general, coloca los productos que te interese vender y los de valor a la altura de tu cliente. Por debajo de ese lugar deberás colocar los de reclamo, productos de oferta, etc. Aprovéchate de refuerzos visuales como *displays* –expositores–, para que tu cliente no quede indiferente.

❷ Lo que no ve el cliente

- **Almacén.** El almacén es una parte muy importante del punto de venta. Es el lugar donde guardamos los *stocks*, productos de limpieza y todas aquellas existencias necesarias del punto de venta que deben estar aisladas del cliente de forma temporal.

  Ganar tiempo es clave para poder dar un servicio impecable. Por otra parte, debemos pensar en posibles inspecciones y en la cultura de los empleados, que deben ser excelentes en la ordenación de este espacio.

  El hecho que todo esté colocado, bien etiquetado y organizado, te hará ganar un tiempo excelente cuando el cliente os hace ir al almacén porque habéis roto *stocks*, la gestión de inventario o por alguna otra razón. La rapidez con la que atendáis de nuevo al cliente suma en la valoración hacia vuestra excelencia.

- ***Office* interno. Sala de máquinas o cuadro de mandos.** Tanto el *office* interno, como el cuadro de mandos y la sala de máquinas, son lugares a tener en cuenta. Su limpieza y mantenimiento puede ayudar a alargar su ciclo de vida. No nos olvidemos que la mejor influencia es dar ejemplo. Cuando entra un nuevo empleado a nuestra tienda, hará lo que vea, y si estos lugares carecen de importancia y de limpieza, luego será difícil cambiarle los hábitos.

- **Zona de vendedores.** En tiendas que tienen un nivel de metros importante y donde hay un alto número de vendedores, suele haber las zonas de descanso para ellos. Aquel rincón, que no tiene porque ser excesivamente amplio, donde el vendedor hace un descanso o carga pilas, es una zona de gran relevancia e imprescindible para su motivación. Siempre nos gusta decir que el cliente lo ve todo, y el agotamiento de los empleados es visible para el cliente. La zona de vendedores es un rincón mágico, permite la relajación para dar nuestra mejor cara al cliente y, lo más importante, hace equipo, ya que en estos lugares se fomentan las relaciones entre los miembros de un mismo turno.

Es recomendable cuidar la zona de vendedores, hacer de ella como si fuese vuestra propia casa, y veréis como vuestro equipo os lo agradece.

Caso de éxito de Nespresso y su zona de vendedores

En una visita a uno de los centros de Nespresso, tuvimos el placer de acceder a la zona de vendedores. El resultado fue entusiasmador, no dejamos de ver cómo se fomentaba el optimismo y positivismo en aquel lugar. Podemos decir que la amabilidad de los equipos en Nespresso es excepcional. En la zona de vendedores esas caras seguían igual de felices y sonrientes, no solo transmitían que amaban su trabajo, se detectaba implicación.

Las paredes de la zona de vendedores no estaban repletas de filosofía y visiones. Estaban llenas de ideas, de plantillas de resultados, había una pared repleta de tareas y objetivos para cubrir necesidades cualitativas y cuantitativas de la tienda. Todos los empleados eran conscientes de que los resultados son claves para el éxito. Y esas paredes así lo transmitían. Era la primera vez que veía una zona de vendedores con una proactividad excelente. Verificábamos nuevamente que el éxito no llega por casualidad.

8. Tu producto cautivador

El producto debe ser uno de los atractivos principales de diferenciación ante tus clientes. Además, debe cumplir las expectativas de calidad que el cliente busca y percibe. En este sentido, ¿sabes si para tu cliente el producto cumple las expectativas deseadas? ¿Qué tiene tu producto para que sea ansiado por tus clientes? Para contestar a estas preguntas debemos empezar por estudiar la primera reacción, es decir, ¿qué conducta tiene el cliente ante lo que ve?

Mejora el efecto visual de tu producto

En muchas ocasiones tu producto es poco diferenciado y no tiene el atractivo visual que querrías. Para superar esta limitación es necesario estudiar todo el circuito de venta y poner imaginación.

Por ejemplo, si hablamos de una carnicería, donde el valor estrella es la gran calidad de la carne, ¿cómo se le puede dar un valor visual al producto? Una opción es vestirlo con un buen *packaging*, es decir, cuidando el envoltorio, la caja donde introducir esa preciosa pieza de carne y la bolsa con que se va a entregar el producto al cliente. El resultado puede ser sorprendente y majestuoso, superando las expectativas del cliente. ¿Por qué no tratar un producto fresco básico, como si de joyería se tratase? Quizás pensarás que hablamos de ciencia ficción o que es poco rentable. La realidad es que ese lugar existe, se llama Victor Churchill y está ubicado en Woollahra (Australia). Se trata de una carnicería familiar fundada en 1876 y que ha reinventado el concepto de este tipo de establecimientos (www.victorchurchill.com).

Los clientes de esta tienda no solo quedan seducidos por la calidad y el aspecto visual del producto, si no que llevan con orgullo la bolsa donde custodian la compra. Victor Churchill ha utilizado el efecto visual para convertir su establecimiento y su producto en excepcionales. Es un lugar donde comprar la mejor calidad y que, además, aporta estatus, es decir, ha incidido en los valores emocionales de sus clientes (exclusividad, nivel social, poder adquisitivo, etc.). De hecho, ha conseguido transformar un producto básico en algo distintivo que entre otras cosas, se ha convertido en un obsequio de lujo.

Da valor a tus atributos diferenciales

¿Ya sabes en qué quieres que se diferencie tu producto? A menudo, hay tiendas que no saben lo que venden o realmente llevan tanto tiempo en el mercado que deben hacer un *reset* y plantearse nuevamente cuál debe ser su oferta y su propósito.

¿Qué es lo que vendes en tu tienda? Pon nombre a tu oferta de producto: una juguetería o una juguetería única, una carnicería o una carnicería *gourmet*, una tienda de discos o una tienda de discos experiencial, una quesería o una quesería multicultural, una joyería o una joyería museo. La elección de un atributo para tu tienda va a hacer que el público lo asocie con algo diferente y lo sitúe en un puesto privilegiado a la hora de decidir si vale la pena desplazarse a tu establecimiento o no. Calidad, lujo, exclusividad, oportunidades, precio, felicidad, tecnología,... y un sin fin de adjetivos darán sentido a tu producto y te diferenciarán de la competencia.

¿Qué la das a tu cliente para que venga a tu tienda? Argumenta tus atributos. Hay tiendas excelentes que no saben transmitir al público el por qué deben convertirse en sus clientes. Veamos un ejemplo.

En un barrio de Barcelona había una tienda que tenía los juguetes más fabulosos de la ciudad. Su propietario recorría el mundo para encontrar juguetes exclusivos, de diferentes clases y para niños de 3 a 10 años. Esta persona, que era la más apasionada de la juguetería, no estaba de cara al público, sino que viajaba para conseguir el mejor producto. Lógicamente los productos tenían un precio elevado. Como dependientes había personas jóvenes que no sentían pasión y que veían su trabajo como algo pasajero. Realmente no entendían ni se les había transmitido el valor diferencial de los productos, porque no contaban a sus clientes que si este juguete venía de Dinamarca, que tenía mucho éxito entre los niños de 4 años u otros aspectos destacados.

En definitiva, no se comunicaba al cliente por qué aquello era diferente y tenía un precio elevado frente al resto de jugueterías. La tienda acabo cerrando sin que el propietario entendiera el por qué de su fracaso. Un día le preguntamos por qué nunca se había planteado estar en la tienda y nos respondió que su pasión era buscar juguetes imposibles. Pues bien, ese debería haber sido el nombre de la tienda.

Si todos los fines de semana el propietario hubiera estado presente en el punto de venta la suerte de la tienda habría cambiado. Nunca llegó el mensaje y los atributos diferenciales al cliente. En conclusión, no solo es suficiente tener un producto excelente sino que hay que saber venderlo y argumentarlo.

En Nueva York existe FAO, la tienda para niños y para niños adultos, que es una juguetería de experiencias imposibles. Desde la entrada, con una persona disfrazada de soldado que saluda con energía, hasta un sin fin de juguetes para todos los gustos y todas las edades.

Reinventa tu producto

¿Cuánto tiempo lleva tu producto en el mercado? Si tu producto lleva muchos años sin modificaciones, dale aire fresco, crea nuevos argumentos de venta, hazle alguna nueva adaptación, colores, sabores, formas, en definitiva, reinventalo.

El cliente se cansa siempre de ver lo mismo, por lo que es necesario reeditar el producto o lanzarlo de nuevo. Trabaja la creatividad del producto.

Carlota's (www.carlotas.com) es un proyecto creado para hacer galletas personalizadas y creativas destinadas a ocasiones especiales. Las galletas de mantequilla son un producto que no aporta valor diferencial. A pesar de la calidad tampoco vas a recorrer kilómetros para conseguirlas, a no ser que sean las mejores del mundo. No obstante, dos chicas muy creativas que provienen del mundo de la moda decidieron hacer galletas de mantequilla imitando modelos de bolsos de lujo. El éxito no se hizo esperar y Carlota's reinventó la galleta de mantequilla, convirtiéndose en una empresa que crece con otros conceptos: galletas personalizadas y galletas por temporada (Navidad, *Haloween*, verano, cumpleños, bodas, etc.). Pon una galleta Carlota's en tu vida y serás una persona moderna.

La gente se cansa de oír y ver siempre los mismo. Necesita soñar, necesita creer, necesita desear. ¿Qué le vas ofrecer para que tu producto sea tan solicitado?

Debes tener en cuenta que el fan nº 1 de tu producto vas a ser tu mismo, así que tus primeros clientes van a ser gente como tu, y además van a ser tus mejores prescriptores. Si crees que clientes como tu hay pocos, testa primero el mercado. Recuerda que debes mantener una visión abierta y global.

¿Cómo comunicas tu producto al cliente?

Actualmente la gente tiene un exceso de información que debe seleccionar. La mejor forma para que tu cliente quede seducido por tu establecimiento consiste en mostrarle imágenes y mensajes que capten su atención. ¿Qué recursos estás utilizando para que tu cliente se entere de lo que vendes y captes su atención?

La utilización de cartelería para informar al cliente es una importante herramienta para influir en su decisión de compra y, por otra parte, actúa como un vendedor invisible. Se trata de un refuerzo de comunicación en el punto de venta que dará más valor a la exposición de los productos.

Las grandes empresas pueden destinar muchos recursos económicos en campañas de televisión o en cambiar cada semana la cartelería de su tienda. Si tienes un presupuesto limitado, comunica con tu producto, haz que se vea, y haz un cartel atractivo que dé la información necesaria para que tu cliente se decante por él y lo compre.

En *retail* hay algo muy claro: **lo que no se ve no se vende y la pobreza llama pobreza**. Es decepcionante ver pocas tallas y poca variedad para elegir en algunas tiendas de moda. Es una arma de doble filo: el tendero no consigue vender el *stock* y el cliente ni tiene oferta para elegir ni quiere lo poco que hay.

Empieza por exponer el producto de forma atractiva y visual para tu cliente. Hay una tienda de quesos que nos encanta por la forma en que expone su producto y utiliza el impacto visual. Se trata de un establecimiento que trabaja la calidad y la diferenciación de forma creativa e ingeniosa. Se llama Murray's Cheese y está en Nueva York (www.murrayscheese.com). La exposición del producto es majestuosa, para provocar en el cliente la necesidad de probar el producto. La tienda de la calle Bleecker, de unos 100 m^2, está compuesta por un piso superior, donde se realizan catas, y un sótano en el que hay las cámaras donde se madura el queso. Sin duda, es una tienda de culto al queso, donde se facilita una buena información sobre la composición de los productos y los complementos para disponerlos de forma adecuada.

Murray's Cheese

¿Qué debe tener tu producto diferenciado?

1. Debe cubrir una necesidad
2. Debe ser atractivo
3. Debe ser actual y moderno (a veces la modernidad consiste en dar un enfoque retro)
4. Debe ser deseado
5. Debe generar estatus
6. Debe ser funcional
7. Debe ser reconocible
8. Debe tener garantías

Estudia tu producto o gama de productos. Dedica tiempo a analizar su evolución y a testarlo. Es posible que el ciclo de vida de tu producto haya llegado a su madurez y no lo hayas detectado.

A menudo se utilizan las estadísticas de venta para tomar decisiones de oferta de producto. Es correcto y además se deben complementar con datos:

a) comerciales,
b) cualitativos (exposición, *packaging*, ubicación),
c) servicio (argumentación del vendedor) y
d) macroeconómicos (observación de cambios en la población vecina al establecimiento y sus necesidades).

La investigación acerca de tu producto se puede realizar a través de algunas reflexiones sobre tu trabajo, tu actitud y tus clientes:

- ¿Cuánto tiempo dedicas anualmente a buscar mejoras en tu producto o nuevos productos?
- ¿Por qué van a tener que desplazarse los clientes?
- ¿Cómo puedo innovar y hacer algo diferente?
- ¿Por qué tienen que comprar mi producto?

La diferenciación del producto se puede obtener, además de en su aspecto visual, en su calidad y sus atributos. Todo producto de valor añadido debe saber cuál es su ventaja competitiva, ¿Por qué es atractivo para la clientela? En alimentación se pueden tomar como referencia el sabor, que sean saludables, apetitosos, etc. Debe ser algo con que el cliente perciba un valor cualitativo. Si se incumplen las expectativas del cliente, habrá un efecto contraproducente. De qué sirve tener un producto innovador y atractivo como los de Apple si luego no funcionan correctamente, no se actualizan perfectamente, tienen errores, etc. La conclusión del cliente es clara: ¿por qué pagar más?

En el caso de los dispositivos de telefonía móvil Apple y Samsung han hecho una apuesta de diferenciación por tecnología y diseño. El usuario demanda una herramienta táctil, fácil de utilizar y que permita acceder a muchas aplicaciones de forma cómoda. Estas marcas realizaron unas innovaciones que desbancaron al líder, Nokia. Lo que hicieron fue marcar tendencia y ser *cool*. ¿Tu producto es innovador y rompedor? Si la respuesta es negativa entonces, busca otras características para atraer a tu cliente.

Define tu diferenciación a partir de diferentes atributos:

- Diseño
- Modernidad
- Tecnología
- Color
- Facilidad de uso
- Prestaciones
- Calidad organoléptica (productos alimentarios)
- Exclusividad
- Etc.

Caso de innovación en producto en Just Married, cocina para recién casados

Vamos a ver un gran ejemplo de cuidado por el producto, creación de un nuevo concepto de producto y diferenciación del resto de mercado. Just Married es una empresa que se lanzó a la elaboración de conservas de calidad en el contexto español, donde hay gusto por la buena gastronomía y un buen número de consumidores de arroz. La idea surgió para facilitar al cliente la elaboración de un buen arroz en casa, en un tiempo muy corto y sin grandes preparativos. La base del producto es un caldo enlatado al que se le ha unido un bote con arroz o pasta condimentados.

¿Sería atractivo ver el caldo en un recipiente transparente? La respuesta obviamente es que no. En la definición del producto, sus creadores concibieron una lata elegante, con una etiqueta sencilla que comunicara y a la vez fuera distinguida. Aquí se observa el posicionamiento por el aspecto visual y el *packaging*.

A pesar de que empresas importantes ya habían probado la elaboración de un producto similar, era la primera vez que se planteaba para el segmento *Premium* -calidad superior-. Es una muestra de posicionamiento por calidad, que además permite un posicionamiento por precio alto.

Con el planteamiento de que los españoles cada vez tienen menos tiempo para cocinar y además no saben, nada mejor que algo rápido, práctico, y que cualquiera puede hacer, dando como resultado un producto que supera los arroces servidos en algunos restaurantes. En este caso, el posicionamiento es de proceso (comodidad y rapidez) y producto (sabor). Y además cuenta con un atributo emocional muy importante para la persona que lo prepara: permite elaborar un producto de mucha calidad sin saber cocinar, por tanto, da un plus de autoestima.

El resultado del proyecto Just Married fue de un éxito abrumador en su lanzamiento y, como respuesta, otras marcas han seguido su planteamiento, madurando el mercado de la cocina en conserva.

9. Tu personal experto

Cuando en *retail* hablamos del equipo humano, nos referimos posiblemente al aspecto más importante de toda la cadena. Los empleados, tanto si están de cara al público como realizando tareas de apoyo, por ejemplo en el almacén o preparando pedidos, son elemento fundamental para poder transmitir la excelencia en el servicio.

A menudo oímos decir a propietarios de establecimientos que su equipo es la parte esencial de su negocio y, al visitar su punto de venta, descubrimos que se trata de todo lo contrario, porque no hay planes de motivación, no escuchan a su equipo, no les hacen partícipes, no fomentan el espíritu de equipo, etc.

Ante todo, somos personas y nos gusta que nos valoren, que nos reconozcan profesionalmente y a nivel humano. Si sabemos aplicar esta regla de oro en nuestros colaboradores veremos que son capaces de hacer cosas increíbles, son capaces de hacer magia:

- elevar las ventas del establecimiento,
- mimar a los clientes,
- infundir un sentimiento de bienestar,
- formar y ayudar a los compañeros,
- aportar ideas de mejora,
- hacer felices a los clientes y a los compañeros,
- ayudar a la comunidad e implicarse en proyectos altruistas,
- etc.

Los establecimientos excelentes, tienen personas excelentes con altísimos niveles de calidad de servicio. Aunque también es cierto que las mismas personas desmotivadas pueden resultar absolutamente ineficientes.

Reflexiona en las siguientes preguntas y sé sincero contigo mismo:

- ¿qué políticas de motivación tiene tu tienda?,
- ¿son políticas de motivación individuales o de equipo?,
- ¿cuándo fue la última vez que reuniste a todo el equipo de ventas en una acción lúdica como recompensa a un trabajo bien hecho?,
- ¿cuántas veces felicitas a tu equipo?,
- ¿te interesas por la vida personal de tu equipo?, ¿se lo haces saber?,
- ¿qué elementos de control tiene tu establecimiento?,
- ¿cuántas veces te reúnes con tu equipo y les dices lo que esperas de ellos?

El seguimiento y la exigencia son vitales para la excelencia de servicio. Contrariamente, el descuido es un gran mal que con el tiempo es prácticamente irrecuperable y que difícilmente tendrá solución.

Los compañeros de viaje

Un proyecto empresarial es una ambiciosa aventura. Para llevarla a buen término, debes tener en cuenta tres aspectos muy importantes en relación a las personas que serán tus grandes compañeros de viaje:

1 Contrata personas por actitudes y no por aptitudes

En una entrevista de trabajo, las primeras preguntas al candidato deben ser: ¿Te gusta el trabajo de vendedor? ¿y por qué?

Muchas personas contestan que les gusta trabajar para otras personas y servirlas. Es una respuesta posiblemente estudiada, para cubrir el expediente. En este contexto, es importante que el candidato se emocione con lo que va a vender, si no nunca influirá al cliente. Mírale a los ojos y dile que te hable de sus aficiones, observa cómo se transforma y percibirás su actitud real. Si no se emociona ni con sus aficiones, significa que no tiene actitudes para vender.

Las personas deben tener una actitud proactiva, con ganas e ilusión. Ojo con las personas efecto «burbujas de champán», empiezan muy bien y luego se desbravan por el camino. Por otra parte, si encuentras una persona con buenas actitudes y es buena persona, dedícale tiempo y conseguirás un vendedor VIP en tu organización.

La selección es fundamental y se completa con el seguimiento del elegido en sus primeras semanas. Piensa que solo tú eres responsable de lo que pase en tu establecimiento.

❷ Forma a tu equipo y estimula el talento

Es muy importante que tengas un plan de formación para tu equipo. De la misma manera que el cliente tiene la fórmula **Qué me das - Qué me cuesta= SATISFACCIÓN**, el empleado tiene **Qué me ofrecen – Qué doy = SATISFACCIÓN.**

A pesar de que muchas personas piensen que la retribución económica es el aspecto que da más satisfacción, la realidad es que hay otros atributos que pueden resultar más interesantes para el empleado. La formación es una forma de ayudar a tu equipo a ser más empleable y, especialmente, a ser mejor. Esto es una inyección continua de vitamina a la que no puedes renunciar, aunque debe ser atractiva para tu equipo, sino puede generar el efecto contrario. En definitiva, la formación debe ser útil para el equipo, debe funcionar y, sobre todo, debe dar resultados.

Detrás de cada persona hay oculto un talento, descúbrelo y poténcialo.

❸ Exige a tu equipo y exígete a ti mismo

Es muy importante que el equipo demuestre su implicación y su saber hacer en el transcurso de su trabajo, ya que forma parte de su actitud y su aptitud. Es clave que se realice un seguimiento continuo y una valoración de su evolución, solo así se podrán mantener los niveles de calidad de servicio exigidos y esperados. Es importante resaltar que cuando los niveles de atención disminuyen y se entra en un estado de relajación, es cuando más errores se cometen, se pierden clientes, disminuye el conocimiento del producto, se degrada la calidad del servicio, etc. Procura que tu equipo siempre esté atento.

Es importante tener en cuenta que si tu no te exiges, tu equipo entenderá que con menos esfuerzo es suficiente. No nos casaremos de repetir que debemos predicar con el ejemplo. Haz lo que quieres que haga tu equipo.

El servicio es de los atributos más importantes en el *retail*, ya que es lo que genera fidelidad en la compra. Lo más relevante es que aporta un plus en las expectativas de tu cliente. ¿Te imaginas un establecimiento donde te aplaudan por tu compra y te den las gracias con energía?

El servicio siempre va orientado a una buena gestión de personas. El resultado de este buen hacer hará que el equipo humano transmita la filosofía de la empresa a sus clientes.

Dentro del servicio podríamos identificar un pequeño decálogo de conducta del vendedor:

1. **Buena presencia física**
   Es muy importante cuidar tu aspecto físico, debes ofrecer una buena impresión. Vender significa seducir y atraer, por lo que debes gustar al máximo a tus clientes.
2. **Actitud positiva y proactiva**
   Un buen vendedor debe estar predispuesto a servir y dar

soluciones a su cliente, no debe tener prejuicios de cara a su cliente, la actitud debe ser proactiva.

3. **Disfrute del sector. Apasionado por lo que hace**
   Debe gustarte lo que haces, sino, nunca llegarás a conectar con tu cliente. Cuando te apasionas transmites doblemente.
4. **Conocimientos previos del *retail* de calidad**
   Un buen vendedor no solo debe tener un buen conocimiento de su producto, también debe conocer el arte de las ventas, la importancia de dar servicio, de estar atento y de que las ventas, además de ser racionales y reflexivas, son emocionales.
5. **Buena base cultural**
   Un buen vendedor debe tener un mínimo de cultura para poder sintonizar con el cliente.
6. **Amabilidad**
   El buen vendedor debe ser amable con sus clientes y su entorno, ya que forma parte de su actitud de servicio.
7. **Gestionar bien las reclamaciones**
   Los clientes necesitan soluciones. Hay ocasiones en que la compra realizada por el cliente no ha supuesto una solución. Si te da una segunda oportunidad, aprovéchala y recupéralo, o lo perderás.
8. **Dispuesto a implicarse por la satisfacción del cliente**
   Un buen vendedor hace saber a su cliente que se implica en darle soluciones. Debe asegurarse que el mensaje llega al destinatario.
9. **Disciplinado**
   Un vendedor disciplinado trabaja con perseverancia, y debe tener un control riguroso de cómo mejorar su metodología de ventas.
10. **Profesional. Aprendizaje y mejora continuos**
   Los vendedores excelentes saben que es necesario mejorar continuamente. Siempre buscarán la mejor forma de reciclar sus conocimientos y aprender constantemente.

Actitud, talento y motivación

Tu equipo te necesita y tu necesitas que tu equipo dé lo mejor de sí mismo. Hay tres elementos fundamentales para gestionar a tu equipo:

❶ Gestión de la actitud

Hay unas personas que siempre están apenadas y hay otras que siempre son optimistas. La actitud es una cualidad innata que también se puede fomentar.

¿Alguna vez habéis visto a alguien que tenga una cara triste cuando está de ocio? Todos tenemos buenos y malos momentos. La forma como cada uno gestiona su actitud dice mucho de su personalidad. Analiza a tu equipo.

Hay empleados que lo venden todo y hay otros que no venden nada. ¿Por qué? Por su actitud. Mientras unos ven inconvenientes en todos los frentes, otros ven energía y posibles oportunidades en todos lados.

Para conocer más de cerca a tu equipo hay un método muy sencillo al que llamamos **...es que...** Se trata de detectar esta actitud en personas que están en el valle de las excusas. Veamos qué tipos de *es que* podemos oír en un equipo:

- Es que no entra gente,
- Es que el producto está anticuado,
- Es que el producto es caro,
- Es que la gente busca otros productos,
- Es que la clientela es muy mayor o muy joven,
- Es que esta zona ya no es buena
- ...es que, es que , es que no vendo nada, ES QUE NO HAGO NADA POR CAMBIAR.

En cambio hay otras personas con una actitud proactiva, que siempre están alerta para superar los retos:

- No hay gente, pero voy a buscarla,
- El producto está anticuado, pero voy a darle nuevos usos,
- El producto es caro, pero voy a buscar un buen argumento que lo justifique,
- Entra gente mayor, pero voy a solicitar una campaña para jóvenes,
- Entra gente joven, pero voy a solicitar una campaña para gente mayor,
- y más y más NO PARO DE MOVERME Y ACTUAR PARA MEJORAR.

En síntesis la diferencia entre la actitud de unos y de otros es que unos son dueños de su destino y los otros son esclavos. Unos son felices y los otros son unos resentidos.

El principal problema de los resentidos no solo será el de unas ventas menores, sino que fomentarán una actitud negativa. En este contexto, es muy importante que trabajes la actitud de tu equipo, para evitar que las víctimas intoxiquen a los demás. No obstante, si después de un tiempo prudencial tu equipo no mejora en el ritmo de trabajo y su actitud, y continua con los *es que*, deberás tomar una decisión.

❷ Gestión del talento

Siempre es necesario potenciar el talento de la organización. Todo el mundo tiene talento, así que debes encontrar qué se le da bien a cada uno de tus empleados. Una buena estrategia para detectar sus fortalezas consiste en preguntarles por sus aficiones. Normalmente la gente queda atraída por aquello en lo que cree que tiene cierta facilidad.

Si tomamos la etimología de Talento del latín *–talentum–*, su significado está vinculado a la aptitud y a la inteligencia. Se trata de la capacidad para ejercer una cierta ocupación o para desempeñar una actividad. Suele estar asociado a la habilidad innata y a la creación, aunque también puede desarrollarse con la práctica y el entrenamiento.

¿Tu equipo tiene talento para atender a las personas, para comunicar, para escuchar a la gente, para hacer sonreír, para servir, para fidelizar, para ser ágil, para realizar su trabajo?

De qué sirve ser un sabio, si siempre está callado. De qué sirve tener un vendedor que es un *crack* y conecta a la perfección con la gente, si pasa más tiempo en el almacén que vendiendo.

Además de localizar al talento, debes motivar a esas personas para desarrollarlo. Si tu equipo no crea valor en tu compañía, es que no sabe transmitir su talento. Los equipos con talento consiguen más resultados.

La misión de un director de ventas debe ser la de ejercer de *coach* –entrenador– de sus vendedores, y la misión de un vendedor es la de ejercer de *coach* de sus cliente.

Debes poner el talento en movimiento. Transforma a tu equipo y haz que aflore su saber hacer. Aquí tienes una pequeña guía para saber cómo:

❸ Gestión de la Motivación

Hay muchas formas de motivar a tu equipo. Como hemos dicho anteriormente, a menudo, los proyectos retadores son más valiosos para un empleado que la ganancia económica. En este sentido, debemos incidir en dos tipos de motivaciones: las económicas y las que ensalzan la autoestima del empleado.

Motivaciones económicas:

Trabaja en retribuciones variables que sean justas, alcanzables y que ayuden a crecer a la organización y al equipo:

a Objetivos de ventas

Es recomendable marcar objetivos de ventas anuales, donde retribuyas al equipo si consigue sus objetivos. Veamos un ejemplo:

Ventas año anterior	Objetivo	Ventas año actual	Resultado	Comisión
100 000€	110 000€	107 000€	7000€	700€

El objetivo general se ha fijado en el incremento de un 10% de las ventas y se ha decidido que se retribuirá a partir del 5% de las ventas aumentadas. Como se observa en el cuadro, la subida de las ventas ha sido de un 7%. Así, con el bonus del 10%, el empleado gana una comisión de 700Đ. A pesar de que no se haya alcanzado totalmente el objetivo, el equipo tiene una recompensa y, por tanto, se esfuerza porque la meta es alcanzable.

b Objetivos de resultados

Se retribuirá con un bonus a las personas que se designen si la empresa obtiene beneficios o mejora sus beneficios. Establecer un tramo visible, es decir, que el vendedor pueda cuantificar fácilmente. Normalmente esta retribución variable es recomendable para los directores de establecimiento, con la intención de que se impliquen en las rentabilidades del negocio.

c Retribuciones en especie

Hay muchas formas de retribuir a un empleado que pueden ser apreciadas por este como un plus y una mejora complementaria en su condición salarial. Por ejemplo:

- Seguro médico
- Dietas
- Vehículo de transporte
- Teléfono móvil
- Gimnasio
- Posibilidad de comprar en la empresa con descuento
- Viajes

Motivaciones de autoestima

Tu equipo te necesita y necesita saber que su trabajo, esfuerzo e implicación en la empresa tienen sentido para ti. Si no se lo demuestras vas a iniciar un proceso de frustración y de pérdida de confianza. Caerá en la desmotivación, no dará más de sí, dejará de demostrar el talento y utilizará su buena actitud para otros retos más atractivos. Al final, solo se mantendrá en la organización por la seguridad económica.

Tu equipo hace méritos para él mismo y también para la organización. Es importante reconocer, felicitar y hacer saber que el trabajo está bien hecho. Hay quien cree que con dar generosos incentivos económicos a los vendedores *crack* es suficiente. Pues es totalmente falso. Un vendedor necesita sentir y oír que va por buen camino, necesita quererse y sentirse querido.

¿Preguntas a tu equipo alguna vez qué es lo que le motiva más de trabajar en tu empresa? Empieza por trazar un plan para que tu equipo sienta que te interesas por su satisfacción y hazlo de corazón. De la misma forma que quieres y necesitas clientes felices, haz el mismo esfuerzo en conseguir un equipo feliz y satisfecho. Aquí tienes algunos recursos:

- **Formación.** Como hemos apuntado, tu equipo necesita mejorar, si le das formación le motivarás. Investiga qué formación puede necesitar y qué le gustaría desarrollar, podéis descubrir sinergias interesantes.

- **Compañerismo y espíritu de equipo.** Fomenta el trabajo en equipo, organiza encuentros y visitas programadas con diferentes miembros de la organización.
- **Nuevos retos.** Cualquier equipo necesita nuevos proyectos y nuevas metas, si no, se anquilosará, acomodará y posiblemente pierda la ilusión.
- **Investigación de campo.** Llévatelo a ver otras tiendas. Organiza pequeños *retail tours* para que tu equipo vea nuevas formas de hacer las cosas y adopte nuevas perspectivas de trabajo.
- **Transmisión de entusiasmo.** La mejor forma para que tu equipo se emocione, es verte a ti apasionado.
- **Desarrollo de valores.** Da a tu equipo un entorno en el que desarrollar sus valores y se sienta a gusto. Recuerda que los valores de la organización deben ser compartidos por tu equipo. Asegúrate que coinciden.

Implanta correctamente los mecanismos de gestión

De qué sirve que sepas la teoría si luego no la aplicas a la práctica. Este libro está repleto de ejemplos y buenas prácticas para hacer que tu tienda sea exitosa, así que no te olvides de implantar mecanismos de seguimiento y control. Te proponemos una plantilla modelo para que gestiones correctamente las tres áreas que pueden ayudar a tu equipo a mejorar para influir con éxito en el cliente:

Plantilla de seguimiento

	1	2	3	4	5	Acciones realizadas durante el mes
Gestión de la actitud						
Gestión del talento						
Gestión de la motivación						

Cada mes deberás puntuar cada una de las áreas. La ponderación tiene una escala muy sencilla, siendo 1 la puntación menor y 5 la mejor. En el apartado de acciones anota todas las acciones que realices durante el mes, tal y como se apunta en el enunciado. La forma en que detectarás si estás en acción o no, será a través de la cantidad de *inputs* que anotes.

La actitud determina la altitud. Ten actitud empresarial y convierte a tu equipo en emprendedores

Después de haber analizado diferentes países, culturas y estilos de dirección, es una realidad que hay que saber vender en todas partes, con el fin de desarrollar una cultura de empresa común y crear una buena marca. Todos somos vendedores en la empresa, incluso los que están en la administración también venden cuando descuelgan el teléfono o hablan con el banco o con un proveedor. Si todos ponen su granito de arena, se contribuye de forma mágica al trabajo de los compañeros que están en el punto de venta. En definitiva, los resultados de la empresa son la suma del esfuerzo de todos.

Para conseguir la contribución de los empleados es muy importante que todos se sientan parte implícita de la organización. La empresa debe ser vista como amiga, de lo contrario lo más recomendable es abandonarla y buscar un nuevo proyecto que se ajuste a las propias necesidades.

La actitud implicada del equipo hará que se sientan emprendedores en su puesto de trabajo y disfruten en él. En definitiva, con una actitud emprendedora tenemos mucho más a ganar.

La actitud del cobro y el cajero: la importancia del último paso de la venta

Una de las últimas experiencias de los clientes en un supermercado es el paso por caja. Se trata de un momento muy delicado, ya que genera un destacado recuerdo en los clientes. En algunos lugares, como en Estados Unidos, son conscientes de la importancia de este eslabón: los cajeros tienen un bonus por la calidad de su servicio y son parte clave de la tienda.

En los establecimientos donde no se tiene en cuenta la importancia del cobro se crean situaciones cómicas: estrés del cliente, paso de los productos por el escáner a velocidad de vértigo, bolsas de asa que no se abren, acumulación de artículos, miradas amenazadoras de otros clientes y presión impertinente del cajero para cobrar el importe de la cuenta.

¿Dónde está la diferenciación en servicio? ¿Puede llegar el servicio de calidad al supermercado? ¿Cómo debería ser el servicio ideal realizado por un cajero? Vamos a ver algunos aspectos clave:

1. Tener una buena formación de atención al cliente y técnica para resolver incidencias;
2. ofrecer un trato personalizado y amable (bienvenida y despedida);

3. observar las colas para reducir cuellos de botella, solicitando la apertura de nuevas cajas;
4. ofrecer bolsas isotérmicas por la compra de congelados;
5. ayudar al cliente a colocar la compra en sus bolsas;
6. agradecer la visita al establecimiento e informar de actividades futuras en el centro;
7. perfil comercial del cajero para garantizar una mejora en servicio y una mayor satisfacción del cliente.

Da servicio: gestiona correctamente las reclamaciones, recompensa tus errores al cliente y encontrarás clientes duraderos

Las deficiencias sobre un mal servicio no pueden permanecer por mucho tiempo. Es inadmisible que permitamos los defectos, que cada vez se hacen más visibles en un sector como es el del servicio. Un cliente mal atendido posiblemente no te vuelva a visitar. Sin embargo, un cliente que te ofrece la oportunidad de mejorar y te regala una reclamación o una queja, debe ser mimado al máximo porque si no lo haces, no solo hablará mal de ti, sino que buscará desprestigiarte.

Antes se decía que un cliente insatisfecho era igual a siete clientes insatisfechos. Actualmente, las redes sociales permiten realizar potentes campañas de desprestigio, con efectos pésimos para la organización. ¿Por qué es importante gestionar las reclamaciones? ¿Cuál es el proceso de un cliente descontento?:

Actúa de forma pasiva y no se queja

Comunica al vendedor o a la empresa la situación

Deja de comprar y comunica la mala experiencia a conocidos

Inicia una campaña de desprestigio

Inicia una reclamación oficial

¿Cómo debe actuar tu personal experto ante una reclamación? Aquí tenemos la secuencia:

Expresar las gracias por la información que nos facilitan

Escuchar con atención. Transmitir una sensación de tranquilidad. Hacer sentir importante al cliente

Pedir disculpas y expresar una justificación sincera

Prometer una solución inmediata

Corregir el error y poner los medios necesarios para corregirlo

Comprobar el nivel de satisfacción del cliente

No tomar las críticas como un tema personal

El vendedor VIP: convierte a tu personal en un experto

Los vendedores VIP lo venden todo, frente a otras personas que tienen resultados más discretos. Logran sus metas a través de la utilización de una fórmula que funciona:

Pasión + Actitud = Conexión con el cliente

Si consigues conectar con el cliente el 70% del tiempo de la venta, seguro que la vas a conseguir. Fíjate, ¿qué acciones realiza un vendedor VIP?:

Se responsabiliza de su puesto de trabajo y de sus clientes

Quiere y necesita integrar a sus compañeros para tener éxito en la venta

Se orienta al logro y quiere mejorar continuamente

Es tolerante al fracaso. Sabe que para avanzar hay que cometer errores

Potencia el compañerismo. Sale en Defensa de sus compañeros

Coach interno. Capaz para ayudar y formar a su equipo

Trabaja la motivación. Felicita a sus compañeros

Meritocracia y capacidad para ser merecido

Optimista y potenciador de la actitud positiva

Trabaja como el primero

Por otra parte, hay errores que penalizan tu venta. Veamos lo que siempre cuida un vendedor VIP:

Comunicación

Cuida la comunicación verbal, conecta con el cliente. Y no descuides la comunicación no verbal, los gestos delatan

Conocimiento del producto

Conviértete en un experto de tu producto y transmítelo a tu cliente

Conocimiento del cliente

Conoce bien a tu cliente, cuanto más lo conozcas, más comprará y más le satisfarás

Acciones de motivación

Motiva a tu cliente y a tu equipo, ten atenciones con ellos. Felicítales y hazles regalos: un elogio es un gran regalo

Espíritu de equipo

Los equipos unidos transmiten satisfacción, felicidad a los clientes y rinden más. Defiende siempre a tu equipo y haz que se sienta comprometido

10. Tu proceso sencillo

La gestión por procesos es la forma de administrar toda la organización a partir de las operaciones. Los procesos deben ser una secuencia de actividades orientadas a generar un valor añadido sobre una ENTRADA para conseguir un resultado, y una SALIDA, que a su vez satisfaga los requerimientos del cliente.

Es indudable que un buen proceso mejora la eficiencia del establecimiento, pudiendo incidir en diferentes aspectos como el aumento de ventas, la comodidad, la rapidez de servicio, etc. A continuación te planteamos algunas preguntas fundamentales para definir los protocolos que mejorarán la gestión del punto de venta:

- ¿Cuál es el protocolo de recepción del cliente?
- ¿Cómo gestionas las esperas de los clientes?
- ¿Cómo organizas las colas en caja?
- ¿Cuál es el tiempo de espera de un cliente para los pedidos por encargo?
- ¿Cómo gestionas los stocks de la tienda? ¿Y su suministro?
- ¿Cómo tramitas la entrega de mercancías?
- ¿Cuál es el tiempo que tardas hasta que atiendes a un cliente?

Vamos a ver cuáles son los aspectos clave de los procesos de atención del cliente, desde que este entra a la tienda hasta el servicio posventa.

Flujo de atención al cliente

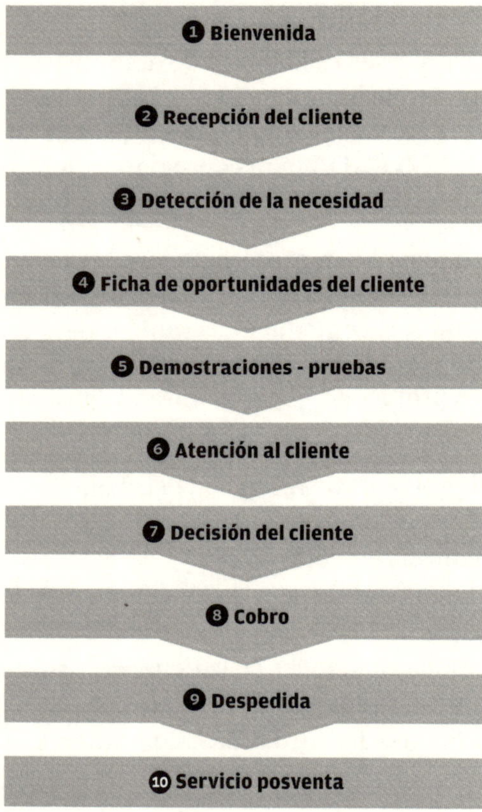

1 Bienvenida

Es muy importante que cuides la bienvenida de tu cliente. No hay nada peor que la entrada de una persona a un establecimiento y que nadie se dé cuenta. Es fundamental que los vendedores realicen un contacto visual. Un recurso muy simple consiste en ofrecer una sonrisa de bienvenida.

En el sector de la restauración de Estados Unidos se ha desarrollado el recibimiento del cliente con la figura de los *hooters*. Son las personas que dan la bienvenida y trabajan en la recepción y distribución del cliente. Los *hooters* son personas claves en la organización, no tienen salario, sino que cobran una comisión de las ventas, porque se entiende que ayudan a mejorar las ventas y la operativa del restaurante.

Veamos cuáles son las tareas de los *hooters*:

- Dar la bienvenida con amabilidad y cortesía al cliente, empleando su mejor sonrisa.
- Informar de la situación del restaurante. En caso de que esté lleno, orientar sobre el tiempo de espera, etc.
- Preguntar por las preferencias de los clientes.
- Distribuir a los clientes. Por ejemplo , invitándolos a tomar una copa en la barra si deben esperar o ofreciéndoles un periódico para entretener su tiempo de espera.
- Informar internamente de la situación de los clientes en espera.
- Notificar al cliente que la mesa está lista y presentarle a la camarera que atenderá su mesa. Despedida del cliente con la mágica frase ENJOY!

El trabajo de los *hooters* es de gran ayuda para el buen funcionamiento de un restaurante, ya que los clientes se sienten bien atendidos y están informados en todo el proceso de entrada. Si tiene tantas ventajas, ¿por qué en las tiendas de gran volumen o de dimensiones más grandes no disponen de *hooters*? ¿Te imaginas llegar a una tienda de NIKE y ser recibido por una persona que te saluda a la entrada con un «Hola, qué deseas, en qué te podemos ayudar. Bienvenido al mundo NIKE y muchas gracias por elegir nuestra tienda»? ¿Y si acto seguido te acompañara a un lugar de espera para ser atendido, o fueses mirando con un *ticket* en la mano que lleva tu número de espera? ¿Mejoraría tu experiencia de compra?, ¿mejoraría tu eficiencia en tu tiempo de ocio?

El mundo del *retail* está lleno de oportunidades para innovar y la bienvenida es una de ellas. Es una manera de diferenciarnos de nuestros competidores y de dar una imagen de excelencia a los clientes. De hecho, las tiendas que no atienden a la llegada de los clientes posiblemente los pierden. Los clientes se sienten ninguneados, anónimos, despreciados, cuando lo que buscan es ser importantes, recibir un buen trato, reconocimiento o exclusividad.

Tiendas como Apple y Nespresso, están desarrollando con éxito la operativa de bienvenida en la tienda. En Nespresso han introducido la figura del hooter, quien recibe a los clientes, responde a sus dudas, los distribuye hacia la zona de espera y les entrega el ticket con su turno. En Apple, por su parte, el proceso es algo más informal, aunque hay una persona encargada de distribuir a los clientes, para que no tengan la sensación de estar desatendidos.

❷ Recepción del cliente

Una vez el cliente ya está en nuestra tienda, es el momento de cuidarle y hacer que se sienta especial. Hay establecimientos que tienen un pequeño manual de recepción. No obstante, además del protocolo de acogida, el vendedor debe tener conocimiento del surtido o gama de productos que puede ofrecer, es decir, debe ser un experto de su producto para poder asesorar de la mejor manera. Debe preguntar al cliente y a la vez escuchar, siempre con amabilidad y buen servicio. Asimismo, debe conocer perfectamente el ritmo de la venta, es decir, el cliente nos regala parte de su tiempo, así que lo debemos aprovechar o perderemos una venta.

❸ Detectar la necesidad

¿Cuántas preguntas hacen falta para detectar las necesidades de los clientes? Es sorprendente ver vendedores que no quieren detectar necesidades, simplemente quieren ofrecer lo que ellos quieren, les gusta o simplemente interesa a la empresa. Es urgente darse cuenta que el cliente desea elegir, por lo que es imprescindible saber qué quiere y, si no lo tiene claro, ayudarle a descubrirlo. En el arte de descifrar las necesidades de los clientes, diferenciamos dos tipos de consumidores:

- **a** Los que tienen una necesidad, buscan algo concreto y van a realizar una compra reflexiva.
- **b** Los que van de paseo y no es seguro que compren nada.

Es importante catalogarlos en uno u otro grupo, para mejorar el proceso de detección de necesidades. La pregunta clave para el cliente **a** es si tenemos lo que busca o no. En cuanto al cliente **b**, debemos utilizar la seducción y preguntas abiertas que nos permitan detectar gustos y predilecciones. Para completar la información que nos dan los clientes, debemos ser hábiles en observar su comunicación no verbal. Es cómico ver a clientes que piden una cosa y están mirando otra...

❹ Ficha de oportunidades del cliente

Después de preguntar y observar al cliente, el buen vendedor tendrá una *ficha* de oportunidades para servirle y ayudarle a tomar la decisión de compra.

Veamos un ejemplo de proceso de detección de oportunidad. Si estamos en una tienda de artículos de vestir y el cliente es un hombre de 40 años al que que le gustan las marcas de moda, que busca unos tejanos, que los prefiere oscuros y que también quiere camisetas, el *check list* del vendedor deberá ser:

- a Tejanos
- b Camisetas
- c Venta cruzada: cinturones, jersey o chaleco
- d Lista de oferta: marcas concretas, lo último en llegar, cubrir el estilo del cliente, que le quede bien

5 Demostraciones-Pruebas

El cliente debe probar y ver demostraciones del producto, se tiene que asegurar que la compra que va a realizar va a ser la correcta. Hay una frase entre los comerciantes de alimentación de Londres que dice así: «No tast, no sell», es decir, lo que no se prueba no se vende. En definitiva, se debe dar a probar y saber cómo hacerlo. Si hablamos de una tienda de comestibles, se puede habilitar una zona permanente de degustaciones, en la que quede clara la información del producto a degustar y su horario. Otros establecimientos más creativos darán cursos de cocina con los alimentos que venden.

En las tiendas de electrónica de consumo, el cliente tiene su espacio de demostraciones. Hay establecimientos como los de Apple, que tienen un teatro. Concretamente, en la tienda del Soho de Nueva York, las demostraciones son realizadas por actores de cine, que cuentan cómo el mundo Apple les ha cambiado las vidas. En otros establecimientos, con espacios más pequeños, se habilitan *corners* para presentar productos, dar charlas y hablar con la clientela de su experiencia con los productos.

6 Atención al cliente

El trato al cliente terminará por tangibilizar o no, la venta. Céntrate en él, ofrécele un buen asesoramiento y transmite seguridad y confianza. A continuación, te presentamos un protocolo de atención al cliente:

- **a** **Preparación.** Prepara la venta de tus productos, es muy importante que la clientela no te vea dudar. Permanecer 5 segundos en silencio ante las preguntas de tu cliente significa inseguridad para él y una desconfianza hacia lo que le vas a ofrecer.
- **b** **Presentación.** Esmérate en la presentación de los productos. Es muy importante la primera impresión y la comunicación del producto.
- **c** **Argumentación.** Es fundamental conocer bien los productos para poderlos explicar perfectamente. Muchas empresas tienen un catálogo de los productos más vendidos con frases que ayudan a los compradores a tomar sus decisiones.
- **d** **Manejo de objeciones.** Los clientes pueden presentar sus dudas a los vendedores y mostrar objeciones que pongan en jaque al vendedor. Es clave haber pensado en posibles argumentos positivos, que representen una oportunidad para el cliente y sirvan para que este recupere la confianza y realice la compra del producto. Veamos un ejemplo: si estamos en una tienda de alimentación *gourmet* y un cliente argumenta que el jamón ibérico de bellota es muy caro, le podemos contestar que es muy saludable, ayuda a mejorar el colesterol bueno, es un excelente recuperador energético para deportistas, está recomendado en muchas dietas nutricionales, y su aroma, sabor y textura hacen disfrutar de una experiencia en el paladar. ¿El cliente se puede resistir a este capricho?
  Es imprescindible buscar argumentos que sean tan poderosos que puedan dar la vuelta al calcetín a las preguntas incómodas de los clientes. Así que esmérate en buscar todos los argumentos que se puedan esgrimir a favor y en contra de los productos. El mejor entreno te dará el mejor resultado, estarás preparado para cualquier eventualidad.
- **e** **El cierre de la venta.** Ha llegado el momento de impulsar al cliente para que pase al proceso de toma de decisiones. Analiza cuál es el momento preciso. Si después de estar un tiempo comentando los productos pasa a no prestar atención, es

posible que haya tomado una decisión. Será el momento de preguntar al cliente si está conforme con el producto.

❼ Decisión del cliente

En todo momento el cliente debe ser consciente de que va a ser él quien tome la decisión, es su responsabilidad. Una vez el cliente solicite lo que quiere, prepárale el pedido con esmero y agilidad. Asimismo, puedes aprovechar el final de la venta para recomendarle productos complementarios, que mejoren la satisfacción de compra o necesidades colaterales. Por ejemplo, en las tiendas Nespresso, al finalizar el pedido por parte del cliente, el vendedor ofrece el descalcificador, que servirá para el correcto mantenimiento de la máquina de café. Realmente, hay clientes que lo solicitan para un mantenimiento preventivo, aunque la mayoría lo compran cuando la máquina se atasca. En definitiva, la actitud proactiva en el argumentario de venta incrementa notablemente la facturación.

❽ Cobro

Es fundamental no equivocarse en el cobro. Se debe ser ágil y preciso. Este paso es importante para la fidelización del cliente. Si el servicio ha sido satisfactorio, es el momento de trasladar al cliente que tenemos una base de datos para mantenerle informado y una tarjeta del establecimiento para que pueda tener ventajas en sus próximas compras. Si accede a ello, facilítale la ficha para que la rellene con sus datos o, si puedes, ayúdale. Asimismo, si el establecimiento dispone de tarjeta regalo, es el momento de decírselo. Es la ocasión de ofrecerle más información que no le cueste dinero y que le puede ayudar a volver a la tienda.

❾ Despedida

En el cierre de todo el proceso de venta es preciso ser cordial y amable con el cliente. Hay tiendas que tienen el mal hábito de olvidarse del cliente en cuanto paga, dando una sensación de mercantilismo salvaje.

Es el caso contrario de Japón, donde acompañan a los clientes hasta la puerta de salida del establecimiento, allí les entregan sus compras y los despiden con reverencias hasta que los pierden en la distancia. Es su forma de agradecimiento. Quizás sea una forma exagerada para nuestra cultura. Sin embargo, lo que debemos hacer saber al cliente es que sí nos importa. Ha venido a nuestro establecimiento y nos ha dado su confianza, por tanto, nos sentimos privilegiados y queremos que vuelva.

⑩ Servicio posventa

Es lamentable la falta de protocolo de algunos establecimientos para la gestión de las dudas o incidencias de los clientes. En cambio, hay otras empresas que han desarrollado unos procesos y servicios de atención que refuerzan la confianza de los clientes. Por ejemplo, la comercializadora de los robots de cocina Thermomix realiza cursos de cocina gratuitos a los clientes, para que aprendan el uso del aparato y le puedan sacar el máximo partido. Por su parte, El Corte Inglés ha hecho del lema «Si no queda satisfecho, le devolvemos el dinero», la bandera de la confianza en sus productos.

Hay muchos establecimientos que tienen políticas de devolución, aunque la clave está en ayudar a los clientes a ser más felices cuando se encuentran con algún inconveniente, es decir, el factor humano es definitivo en la experiencia del cliente. En la época en la que vivimos donde el tiempo es oro, hacer volver al cliente por algo que debería funcionar es un inconveniente y un contratiempo que no tenía previsto. ¡Compénsale!

Otros procesos clave: colas, encargos y *stock*

Una vez ya tenemos los elementos básicos del proceso de venta controlados, debemos tomar decisiones acerca de otros temas sensibles para los clientes. Dicho de otro modo, nadie quiere esperar por su compra... o se va a la competencia y habla mal de nosotros. En definitiva, la mala gestión de las colas, los encargos y los *stocks* pueden echar a perder un buen trabajo, como si de la destrucción de un castillo de naipes se tratara.

▸ ¿Cómo gestionamos las colas en caja?

El punto de cobro es un cuello de botella clásico. En tu establecimiento, ¿el cliente tiene que esperar? ¿siempre hay gente en caja?

Es necesario mejorar el tiempo de espera, con más cajeros en tiempos punta o con colas rápidas para los que paguen en efectivo, los que lleven pocos productos, etc. Establece las variables que se adapten mejor a tu establecimiento y a los clientes para agilizar el pago.

▸ ¿Cuántos días deben esperar los clientes por los pedidos por encargo?

El cliente desea recibir los pedidos con la mayor brevedad. Revisa la logística para garantizar que el cliente pueda tener el producto lo antes posible. Y evita equivocarte en el plazo de entrega, el cliente confía en ti y, por tanto, quiere que cumplas las promesas. Una sugerencia que te damos es que le des un 20% más del tiempo acordado, por dos razones:

1. Das márgenes para imprevistos
2. Mejoras la percepción de eficacia

▸ ¿Cómo gestionamos los *stocks* de la tienda?

La gestión del *stock* es lo que va a determinar si eres un buen administrador del establecimiento. Cada sector tiene unas características propias que hay que tener en cuenta. Por ejemplo, en alimentación se debe revisar el producto muy frecuentemente. Los artículos tienen fecha de caducidad y se deben controlar a rajatabla o, de lo contrario, se estropeará mucha mercancía y, por tanto, habrá pérdidas. Además, se puede generar un problema de salud si se venden productos en mal estado. En cambio, en otros ámbitos como la moda, los productos no caducan y los que no se venden se pueden devolver a final de temporada.

Hay dos aspectos de la gestión de *stock* que permiten conocer el estado físico y financiero del establecimiento:

1. **Pérdida desconocida.** Se trata de una manera elegante de referirse a la falta de *stock* por robo, pérdida o deterioro. Cuando llega el inventario, que en muchos establecimientos suele ser mensual o trimestral, se detectan anomalías en la rentabilidad del punto de venta debido al aumento de la pérdida desconocida. Es necesario implicar al equipo para controlar este aspecto. Por otra parte, será prioritario revisar los procesos logísticos de entrada y salida de productos, tanto en el almacén como en el punto de cobro. En definitiva, debes poner medidas porque la desaparición continua de producto puede arruinar el negocio.
2. **Inventarios.** Conocer el *stock* de la tienda tiene una doble utilidad. En primer lugar, sirve para saber la magnitud de la inversión en producto del establecimiento y aporta datos para el análisis financiero. Y en segundo lugar, permite conocer cuántos ejemplares hay de cada artículo, para tomar decisiones de reposición, o para saber si nos queda *stock* cuando un cliente nos lo pide. Un ejemplo clásico de su utilidad se puede observar en una zapatería. Queremos un modelo de zapatos y no está disponible en nuestro número. Entonces, la amable vendedora nos informa que lo puede conseguir porque todavía hay *stock* en otro punto de venta de su cadena.

Los recuentos de *stock* suelen ser un quebradero de cabeza, ya que ocupan tiempo, son aburridos y generalmente delatan una mala gestión. La frustración del vendedor en el recuento y la falta de entendimiento de su utilidad pueden provocar errores. Si los inventarios no son fiables, es extraño llevar un buen control de la rentabilidad de la tienda. Para paliar este problema, es recomendable realizar inventarios de muestreo de vez en cuando, sin esperar el cierre de mes o de trimestre. Antes de hacer el inventario es necesario revisar su proceso de realización, posiblemente haya alguna manera de agilizarlo o evitar errores.

11. Tu precio atractivo

Según el diccionario, el precio es: *1. Cantidad de dinero que hay que pagar por una cosa. 2. Esfuerzo o sufrimiento que cuesta conseguir una cosa.*

¿Qué significa que algo es caro o barato? Principalmente, se refiere al precio psicológico designado por el cliente. Este baremo se fijará según sus prioridades y situación económica. Por ejemplo, si nos encontramos con una persona que quiere comprarse unos zapatos de marca que cuestan 300€ y dispone de una renta neta mensual de 1000€, siendo un joven de 25 años que vive con sus padres, seguramente destinar el 30% de su nómina en unos zapatos sea un capricho muy alto, que se permitirá si en su escala de consumo es una gran prioridad, por estatus, calidad, y autoestima. Sin embargo, para una persona que cobre exactamente lo mismo pero que sea padre o madre de familia, con 2 hijos y que paga un alquiler, será un lujo inaccesible, que no podrá comprar y además lo percibirá como excesivamente caro. Si por último, hay un jugador de futbol que percibe de 2 a 3 millones de euros al año, es posible que los zapatos en cuestión sean los que usa comunmente.

Si para el primero era un producto caro accesible, para el segundo representaba un producto inalcanzable y carísimo y, para el tercero, era un producto con excelente calidad-precio. El hecho de que algo sea caro o barato dependerá siempre de las expectativas del cliente y de la necesidad de este por acceder a ese producto.

¿Cómo establecer una buena política de precios?

Antes de comentar las políticas de precio, es preciso decir que algunos productos tienen precio fijo por ley, por lo cual, se deberá trabajar con otros métodos de promoción y seducción del cliente distintos a los precios.

Como norma incuestionable, la política de precios de una empresa ha de perseguir la rentabilidad. Para ello, hay que tener en cuenta distintas variables: competencia, infraestructuras, personal, tecnología, si el producto es innovador, nuevo, exclusivo, etc.

Vamos a ver cómo funciona, sintéticamente, un negocio en el que queremos cubrir gastos y ganar un 10%. Supongamos que se trata de una tienda que vende ropa:

Compra de materias primeras mensuales	5000 €
Costes de alquiler	600 €
Amortización por inversión	300 €
Costes de personal para 2 personas de turno medio	3000 €
Gastos de suministros mensuales	300 €
TOTAL	**9200 €**
Si quisiera tener un 10% de mi beneficio antes de impuestos, es decir, 920€, ¿qué debería hacer?	
Facturar 9.200€ + 920€	**10120,00 €**
Debería conseguir un margen de:	5120 €

En resumen, para cubrir las compras y los gastos fijos, y tener el 10% de beneficio, es decir, 10120€, tendría que aplicar un margen del 102,4% sobre los productos del establecimiento.

En el ejemplo anterior hemos establecido una forma muy simple de poner precios, que consiste en aplicar un porcentaje lineal para todos los artículos. A continuación vamos a ver diferentes formas de tomar decisiones para poner precios a los productos. Y atención, decide una línea de precios coherente, es imprescindible evitar el cambio frecuente de política o el cliente perderá la confianza:

❶ Políticas de precio diferenciales

Hay muchas formas de diferenciarte del resto de tiendas y de establecer distintas políticas a lo largo del año. En primer lugar, debes ser claro. Si no estableces unas normas entendibles, que tu cliente pueda identificar correctamente, le generarás confusión y desconfianza. Hay tiendas que con una política de precios bajos mantienen dos precios en todos los carteles informativos de producto y un *display* de descuento, que el cliente tiene que sumar. Este tipo de tiendas se convierten en una tortura para algunos clientes porque, en lugar de disfrutar de la experiencia de compra, deben ir calculando los precios.

Es necesario marcar un plan para establecer las políticas de precio diferenciales. :

- Facilidades de pago

Da a tu cliente nuevas facilidades de pago. Por ejemplo, pago aplazado con tarjeta y sin intereses. Es un recurso utilizado en tiendas de bienes caros como tecnología de lujo o muebles u otros.

- Descuentos por cantidad

En lugar de ser aleatorio ante los clientes, establece unas condiciones claras e informa de ellas: «A partir de X unidades, le hacemos un X% de descuento».

- Precios variables

Los precios variables pueden ser muy creativos y estimulan a los clientes. Por ejemplo, se puede establecer un precio especial a partir de cierta hora –una especie de *happy hour*–, o un precio más atractivo por la compra de un conjunto de prendas de vestir.

Otro sistema más atrevido consistiría en subir y bajar precios como en la bolsa, a partir de la afluencia de público en el punto de venta. ¿Te imaginas establecer una pantalla gigante en tu tienda donde todos tus productos tuviesen una variabilidad cada hora o cada día? Asegúrate que la fórmula te da rentabilidad, además de una buena visibilidad e impacto de marca.

- Ofertas

Las ofertas son una rebaja puntual del precio, debido a un exceso de *stock* o a un pacto con tu proveedor, y primordialmente pretenden ser un buen gancho de ventas para el cliente.

Es importante cuidar la imagen de las ofertas y del establecimiento. El cliente debe entender rápidamente que las ofertas son interesantes, o corremos el riesgo de marginar precios, vender más barato y que no lo vea como algo exclusivo.

- Rebajas

A menudo, las rebajas se asocian al sector de la moda, ya que popularmente simbolizaban el cambio de temporada y se utilizaban para liquidar *stocks*.

- Descuentos

Los descuentos representan un buen gancho para captar clientes que nunca entran a nuestro establecimiento y también son un recurso para impulsar las ventas y mover los productos.

- *Outlet*

¿Ya tienes una zona *outlet* en tu tienda? Cualquiera puede tener su corner *Outlet*, independientemente del sector que sea. La designación de un espacio para los productos a saldar es importante de cara al cliente, dado que identifica rápidamente el tipo de artículo que podrá encontrar y se ve seducido por las posibles gangas. Dentro de la gestión de la tienda, se trata de estipular qué productos son susceptibles de entrar en el *outlet*, por ejemplo, por caducidad, final de *stock*, etc.

- *Low Cost*

¿Por qué no tener también el corner *low cost*? Es posible que en el sector de tu establecimiento haya productos baratos irresistibles para los clientes. Este tipo de artículos se deben cuidar con atención, porque pueden cambiar la imagen de calidad de tu producto y ahogar la rentabilidad del punto de venta si los márgenes son muy ajustados.

❷ Políticas de precio *no competencia*

Las políticas de precio de *no competencia* son aquellas que intentan realizar una serie de promociones continuas y se basan en una política agresiva de precio, que deje atrás a los competidores. Por ejemplo, Media Markt o FNAC y Decathlon en sus inicios, buscan que su oferta sea la mejor en relación calidad-precio. Su finalidad consiste en ser un referente en este elemento.

❸ Políticas de precio psicológico

Marca el precio en base a tu propia percepción. ¿Cuánto crees que va a estar dispuesto a pagar tu cliente por un producto? Hay la percepción de que un producto es mejor porque es más caro que otros. Por ejemplo, en el sector de las colonias, el coste del perfume, el frasco y el *packaging* no son especialmente caros. Por mucho que la empresa consiga sacar un producto competitivo en precio, lo que va a hacer es aplicar un precio alto por la sensibilidad psicológica del cliente (*glamour*, estatus, etc.).

También puede pasar el caso contrario, es decir, que se tenga que aplicar un precio razonable a un producto que ha tenido un largo periodo de investigación y desarrollo. Es el caso de Nespresso, que tardó muchos años en rentabilizar la inversión. Finalmente entró en beneficios gracias a la perseverancia de sus directivos y a la fortaleza económica de Nestlé.

❹ Políticas de precio por gama

La política de precios por gama consiste en marginar de forma diferente los distintos productos de una marca o familia dentro de una misma tienda. Si, por ejemplo, hablamos de una tienda de alimentación, que vende varias familias (productos frescos, lácteos, embutidos, jamón, conservas, precocinados y bebidas), marginaremos de forma distinta entre sus diferentes productos. Rápidamente nos daremos cuenta que no podemos aplicar el mismo margen a un producto de consumo diario (jamón York) que a un producto de consumo más exclusivo (jamón pata negra).

La seducción del precio

Una buena arma de seducción para los clientes es el precio. Si tienes un buen precio, el cliente debe saberlo. Es esencial que se lo transmitas y que compruebes que recibe el mensaje. Hay diferentes formas de hacer que el precio sea atractivo para tu publico.

1. **Cuida el cartel informativo.** El cartel de precio es un buen recurso para comunicarnos con los clientes. Más allá de la obligatoriedad legal, es una forma de atraer el interés y dar una imagen del establecimiento. Deja que tu cliente pueda ver bien el precio, que sea grande, que no se confunda con una abundancia de números, que sea atractivo y que esté cuidado gráficamente. Un buen letrero o etiqueta puede decir mucho del establecimiento.

   Hay tiendas que optan por ubicar una lista de precios en la entrada del establecimiento y dejan que el cliente se informe por sí solo. Otros ponen un precio realmente pequeño. Son formas de comunicar a sus clientes un posicionamiento *low cost*, etc.

2. **Gánate una buena imagen de precio-calidad.** Hay tiendas que se han labrado a pulso una imagen de buen precio, gracias a mantener una coherencia y calidad de precios. Media Markt, Decathlon o Mercadona son *retailers* que merecen la confianza de sus clientes.

Si te posicionas en el ámbito de precio-calidad, verifica que no te cuelguen la etiqueta de tienda cara, es muy perjudicial y difícil de quitar. Además de tener una buena imagen calidad-precio, debes parecerlo.

3. **Haz que el precio sea visible. No obligues a preguntar.** No hay nada peor que perder tiempo removiendo diferentes etiquetas y mirando los *displays* para conocer el precio de un producto. A la gente le suele dar vergüenza preguntar el precio, especialmente cuando la tienda está llena. Mejora su experiencia de compra. Haz de cliente en tu tienda y mira si los precios son fácilmente legibles y reconocibles.

El bendito margen

Te presentamos una tabla que te ayudará a poner precios a tus productos. Es una herramienta muy práctica que ha ayudado a muchos empresarios a triunfar en sus políticas de precio y a identificar el margen correcto.

Cuando nos referimos al margen, hay dos tipos, el margen de coste y el margen de venta. No los confundas. En esta tabla los puedes consultar simultáneamente. Veamos cómo funciona: si por ejemplo queremos ganar el 40% del PVP de un producto, iremos a columna de margen de venta y veremos qué margen de costo le deberemos aplicar, siendo el resultado un 66,7%.

Otra utilidad de esta tabla consiste en tomarla como una guía para detectar si los márgenes son adecuados o no, cuando ya están fijados los precios.

Tabla de comparación entre margen y margen comercial

% de margen del precio de venta	% de margen comercial del costo	% de margen del precio de venta	% de margen comercial del costo	% de margen del precio de venta	% de margen comercial del costo
4,8	5,0	22,0	28,2	37,5	60,0
5,0	5,3	23,1	30,0	39,0	63,9
7,0	7,5	24,0	31,6	39,4	65,0
8,0	8,7	25,0	33,3	40,0	66,7
9,0	9,9	25,9	35,0	41,0	69,5
9,1	10,0	26,0	35,1	41,2	70,0
10,0	11,1	27,0	37,0	42,0	72,4
11,0	12,4	28,0	38,9	42,9	75,0
12,0	13,6	28,6	40,0	43,0	75,4
13,0	15,0	29,0	40,8	44,0	78,6
14,0	16,3	30,0	42,9	44,4	80,0
15,0	17,6	31,0	45,0	45,0	81,8
16,0	19,0	32,0	47,1	45,9	85,0
16,7	20,0	33,3	50,0	46,0	85,2
17,0	20,5	34,0	51,5	47,0	88,7
18,0	22,0	35,0	53,8	47,4	90,0
19,0	23,5	35,5	55,0	48,0	92,3
20,0	25,0	36,0	56,3	48,7	95,0
21,0	26,6	37,0	58,7	49,0	96,1
				50,0	100,0

12. Tu promoción emotiva

Según el diccionario, la promoción es el «conjunto de actividades cuyo objetivo es dar a conocer algo o incrementar sus ventas» y la «acción y efecto de promover». Los textos especializados en *marketing* completan la definición con «las acciones desarrolladas por las empresas para comunicar los méritos de sus productos y persuadir a su público objetivo para que los compren».

Para que la persuasión sea efectiva, la promoción debe estar basada en las emociones, es decir, debe influir en las experiencias vivenciales del cliente. La gente necesita sentirse viva en tu tienda y desea el efecto sorpresa. En una sociedad de consumo, donde cada vez las personas acumulan más bienes materiales y tienen menos tiempo para disfrutarlos, ansían emotividad y sensaciones en su día a día. El hecho de que vayan a una tienda y vivan una especie de espectáculo, les va a entusiasmar. Es una de las razones de éxito de Abercrombie & Fitch que comentamos en capítulos anteriores.

Un ejemplo claro de experiencia vivencial es la que se puede experimentar en un parque de atracciones. Si eres valiente y apuestas por las emociones fuertes, eres de los que suben a las atracciones extremas. Antes de acceder a ellas, una parte de ti se quiere marchar, y la otra quiere que te quedes para disfrutar las sensaciones al máximo. Cuando sales de la atracción experimentas excitación, miedo, alegría, euforia. Has disfrutado y quieres repetir. Por el contrario, si no hubieras subido, las sensaciones serían de frustración, resignación, negatividad, rabia. La pasividad fomenta una situación negativa, sin embargo la proactividad y el entusiasmo fomentan una gran energía positiva. Esta situación ilustra claramente que debemos dar emociones a los clientes. Cada día hay oportunidades para conseguirlo y la promoción es el mejor argumento.

Hay dos tipos de promociones, que se relacionan con el tipo de venta que se pretende realizar:

- Promociones reflexivas

Son aquellas promociones que pretenden persuadir para que compre de forma reflexiva. Por ejemplo un 3x2, es decir, compra tres productos y paga dos. Otras estrategias consisten en aumentar la garantía, si se trata de un artículo caro. Las promociones reflexivas normalmente se focalizan en el precio y a una necesidad tangible.

- Promociones emocionales

Estas promociones van dirigidas a despertar la emotividad del cliente y a satisfacer la parte más irracional de su cerebro. Si consigues acompañar a tu producto tangible de un atributo de promoción emocional, tus clientes te van a querer cada día más. Es importante que identifiques de forma precisa quién es tu cliente, o de lo contrario las promociones no funcionarán.

Innova con nuevos conceptos de promoción

Ya hemos comentado que el cliente quiere experimentar emociones satisfactorias. Para ello es fundamental innovar, hacer las cosas de una forma diferente. Oxigénate, rompe esquemas y actúa a contracorriente, porque lo sientes así. Seguro que tu también experimentas el tedio de hacer cada día lo mismo, ¿cómo vas a aumentar las ventas y a seducir, si tú mismo has perdido la ilusión en lo que más te gusta? Disfruta sorprendiéndote a ti mismo.

Para resetear tu mente, puedes aprovechar cualquier excusa para realizar una pequeña ruta por tiendas de tu sector en otro país. Seguro que en una sola jornada puedes visitar diez tiendas que te darán buenas ideas. Déjate sorprender y toma notas o graba tu voz con lo que ves y las ideas que van brotando de tu cabeza. Emociónate y, si puedes, visita las grandes ciudades del *retail* –Londres, Nueva York y Tokio–, u otras también destacadas como Berlín y París.

Una vez estés de regreso, analiza todo lo que has visto: nuevos conceptos, forma de exponer y, por encima de todo, la manera de fomentar las emociones. Analiza cómo puedes aplicarlo a tu establecimiento. *Retail is Detail*, como dice Howard Shultz, aunque principalmente ***Retail* son Personas**, ¿quién, si no, puede sentir y transmitir mejor las emociones? A continuación te damos algunas ideas para compartir tu establecimiento con las personas que le dan sentido:

- **a** **Talleres y cursos.** Realiza talleres o cursos donde tu cliente aprenda de tu sector y experimente. Se trata de formar al cliente haciéndole partícipe. Hay tiendas de bicicletas que realizan cursos y talleres de mecánica para enseñar, por ejemplo, cómo cambiar el freno de disco. Por su parte, alguna joyería imparte cursos de relojería, para los muchos aficionados a este aparato de precisión. Y en el caso de la alimentación, hay tiendas que dan cursos de corte de jamón, para que los clientes puedan sacar el mayor rendimiento en sus casas. La formación, el traspaso de conocimientos de los profesionales a los clientes curiosos, es una forma muy potente de acercarte a tu público y fidelizarlo.

- **b** **Eventos.** Un evento es una actividad que se puede desarrollar en el propio establecimiento o en otro lugar. Su misión consiste en que los asistentes pasen un buen rato, para luego fidelizarlos y hacerlos prescriptores del establecimiento. ¿Qué debe tener un evento para que funcione?: organización, poder de convocatoria, comida y control.

  En primer lugar, es importante que avises a tus clientes con suficiente antelación para que todos se enteren y puedan organizar sus agendas. Veamos algunos ejemplos prácticos de eventos: si hablamos de una óptica, podemos montar un desfile para promocionar la nueva colección de gafas, con la asistencia de las personalidades que anuncian la firma. Para los clientes, el entorno, la música y la comida pueden ser parte de su disfrute. Sin embargo, lo que más impactará en su ego será compartir un evento exclusivo con famosos. O una firma de relojes de lujo, organizará un *tour* con cata de jamón y maridajes, para desplazarse después hacia un reputado restaurante.

Los eventos se deben ajustar a las condiciones de tu tienda, aunque lo recomendable es contar con la participación de un proveedor, que al final también saldrá reforzado y beneficiado por la promoción.

- **Pop-up.** Trabajar el concepto de *Pop-up Store* es pionero y de gran efectividad a la hora de crear experiencias emocionales al cliente, ya que fomentan el efecto sorpresa.

  Un *pop-up* es una tienda temporal y se utiliza para acciones promocionales que ayudan a minimizar costes. En Londres hay un centro comercial dedicado exclusivamente a las tiendas *pop-up*, se llama Boxpark y su vigencia también es temporal, cinco años. Las marcas lo utilizan para testar sus productos y valorar la reacción de los clientes. Es una buena forma de conocer el mercado con una baja inversión o con un plazo limitado de gastos.

  Otro ejemplo de establecimiento temporal lo aporta la firma Electrolux, que ha creado un restaurante llamado The Cube que se desplaza por diferentes ciudades y se ubica en lugares con grandes vistas. Seis cocineros de gran nivel preparan un menú de degustaciones y los clientes también pueden cocinar sus platos con la ayuda de los superchefs.

En síntesis, ¿por qué no montar un *corner pop-up* en tu tienda? ¿Te imaginas tiendas de moda multimarca con diferentes *corners* donde las marcas transmitan su concepto? Sería como tener más tiendas dentro de una misma tienda. Actuaría como un gancho para los clientes, porque visitarían la tienda para ver las novedades.

d **Creación de ocio.** Haz que tus clientes vivan el ocio en la tienda y en su vida privada. Establece sinergias con otras empresas para poder regalar actividades de ocio. Por ejemplo: entradas para parques de atracciones, teatro, cine, ópera, balnearios, etc. Realiza campañas que satisfagan el ocio de tus clientes.

Una muestra de lo que te contamos lo hizo la charcutería Mas Gourmets, que por la compra de un jamón de una marca determinada, los clientes participaban en el sorteo de un menú degustación personalizado en un restaurante con estrella Michelin.

Contribuye a que los clientes disfruten y se lo pasen bien, no solo cuando están en tu tienda. Es fundamental entender que todas las relaciones deben ser de ganar-ganar.

e ***Showroom.*** El concepto de *showroom* viene referido a un lugar donde no se vende, simplemente se enseña producto. Obviamente este concepto es muy costoso y poco rentable, solo al alcance de pocas empresas. Sin embargo, si se puede adaptar el concepto a zonas de tu tienda o a ferias, donde te des a conocer mejor a tu cliente, recibirás información para mejorar tu punto de venta o percibir nuevas necesidades de tu cliente.

f ***Flagship.*** Es la tienda estrella de una firma, una tienda que marca tendencia y que ayuda a potenciar el reconocimiento y flujo de la marca. El objetivo que se persigue es el de hacer una tienda distinta, que destaque sobre las demás. Es todo un reto tanto para la empresa como para el interiorista, ya que se pone al límite a los decoradores, sacando lo mejor de sí.

Crea experiencias para el cliente

Ofrecer experiencias a los clientes transmite la filosofía del establecimiento. Las experiencias son una forma más para que el cliente calibre si somos su establecimiento objetivo.

La experiencia en gastronomía y hostelería: Mas Gourmets y Mas de Torrent

En la cadena Mas Gourmets de Barcelona, ofrecen catas programadas en el punto de venta. Por ejemplo, promueven la cultura de la *pizza*. Para ello, un chef italiano enseña a los clientes a elaborar *pizzas* y las cocinan en el mismo punto de venta. Otra acción consiste en hacer una demostración de salmones ahumados con uno de sus proveedores. Se desarrolla una pequeña explicación sobre el producto que se complementa con una cata de salmones maridados con *gin tonic*, remolacha, trufa y eneldo, whisky, etc. En definitiva, los clientes no solo aprenden, disfrutan comiendo. Viven un momento jovial y emotivo en su tienda de confianza. (www.masgourmets.com)

Si hablamos de hostelería, en el Hotel y spa Mas de Torrent (Girona) ofrecen experiencias para convertir sueños en realidades. Para ello, tienen un estudiado recorrido desde la bienvenida hasta el punto final, la despedida de la estancia. Cuidan el alojamiento de los huéspedes, sus necesidades para el máximo disfrute, la gastronomía en los restaurantes, el ocio y el deporte. No solo buscan dar felicidad a los clientes, se lo toman como una filosofía de trabajo, y está claro que cuando hay actitud y predisposición se logra transmitir e influenciar a los demás. Su eslogan es «La felicidad debe ser esto». (www.mastorrent.com)

Si trasladamos el saber hacer de un excelente servicio de un hotel de lujo al mundo del *retail*, hay un reto en su implantación: ¿qué experiencias o promociones emocionales se pueden ofrecer a los clientes? Fundamentalmente, dependerá del sector y de cómo queremos ayudar a nuestro cliente a sentirse cómodo.

La experiencia en la moda, las bicicletas y los regalos: Zara, Probike y Wit Lab

Si en Zara la experiencia inicial consistía en ofrecer al cliente la posibilidad de remover toda la tienda, probarse la ropa y tener la posibilidad de no comprar sin pasar apuro, la experiencia ha evolucionado para dar más protagonismo a los vendedores. Se trata de que actúen como prescriptores, dando un mayor servicio al cliente y potenciando sus compras.

Por su parte, las tiendas de bicicletas Probike, de Barcelona, cuentan con un circuito en el interior de la tienda y otro en el exterior, para que el cliente pruebe, experimente y comente sus sensaciones con el vendedor. Además, organizan actividades para todos los públicos que permiten un punto de encuentro para los clientes con una afición común y, al mismo tiempo, crean una comunidad. (www.probike.com)

Wit Lab es una tienda que se define como «El laboratorio del ingenio». Es un establecimiento que ofrece gráfica decorativa y regalo personalizado. Sus objetos de regalo son únicos, innovadores y especiales. Ponen mucho esmero en el desarrollo de experiencias. Su éxito ha hecho que se generen colas de clientes que dan la vuelta a la manzana. (www.witlab.es)

Trabaja los cinco sentidos

El cliente siente muchas percepciones en una tienda. Sin embargo, seguramente ni nos hemos planteado analizarlas. ¿Eres consciente que el mal olor genera rechazo?, ¿y que el buen olor puede ser estimulante y agradable para tus clientes? El simple hecho de cuidar un elemento como el olfato puede incrementar las ventas. Contrariamente, descuidar este aspecto contribuirá a ahuyentar a los clientes. Veamos cómo interactúan los sentidos en un punto de venta:

1. **Vista.** ¿Qué ve tu cliente? ¿Qué es lo que atrae a la vista? Ya hemos hablado en el apartado de espacio de la importancia del atractivo visual. Ahora te planteamos que valores todos los elementos visuales: los colores, lo que ves al salir de la tienda, el tipo de clientes que viene a tu tienda, etc. Todo debe ser atractivo a la vista.

2. **Oído.** ¿Qué oye tu cliente? ¿Tu establecimiento está cerca de un gran hospital y el ruido de las sirenas es continuo? Es importante ser consciente del ruido ambiental. Analiza qué espera tu cliente: hay gente que valorará la música y otra a la que le encantará el silencio.

3. **Olfato.** Si antes comentábamos que el hedor puede alejar a la clientela de la tienda, ahora debemos observar que nuestras tiendas vecinas desprendan olores agradables. Esto es especialmente importante en un recinto cerrado, como un centro comercial.

4. **Gusto.** Si en tu tienda se puede degustar algún producto de alimentación, esfuérzate para que sea una experiencia sea apasionante.

5. **Tacto.** A la gente le encanta tocar las cosas. Cuida todo aquello que se pueda tocar para que la experiencia sea agradable, es decir, pon atención en la limpieza, la seguridad, etc.

Crea la experiencia WOW!

Como hemos visto hasta ahora, es posible construir momentos de placer para el cliente. ¿ Alguna vez has hecho el ejercicio de ponerte en la acera de enfrente de la tienda y ver la cara de la gente que sale de ella? ¿Cuántas personas salen sonriendo? Si al día suman menos del 10% de tu clientela, necesitas implantar la experiencia WOW! Hay cinco pasos que te harán descubrir la magia de hacer sentir especial y de cuidar a tus clientes:

1. **Sorprende.** Ten preparada una sorpresa diaria para tu cliente. Prepara el efecto sorpresa con nuevos productos o más información acerca ellos. Implanta tu promoción más emotiva, demostración, corner especializado, etc. Y realiza un ejercicio diario: ¿Hoy cuál debe ser la sorpresa del día? Es importante que cambies de sorpresa diariamente o muy a menudo, si no, será algo obligado y esperado.

2. **Participación.** Haz que tu cliente participe en la tienda. Además de preguntarle con interés, haz que se integre en el establecimiento. Hazle sentir modelo en el probador o catador de alimentos, y pregúntale su opinión. Indaga cómo mejoraría la experiencia.

3. **Experiencia de marca.** Cuantas veces pronuncias la marca de tu establecimiento durante el día. La clientela puede que te compre por costumbre. Es necesario que les recuerdes dónde compra y el valor que tiene tu marca: novedades, número de tiendas nuevas, acciones de promoción, redes sociales, etc. Haz vivir a tu cliente una experiencia de marca, que sea consciente que la importancia se la das TÚ.

4. **Agilidad.** No hagas perder el tiempo de tus clientes. Demuéstrales que eres ágil y que consigues reducir el tiempo de compra. Tu rapidez será bienvenida. Deja que el cliente elija la velocidad con la que debes trabajar.

5 **Relax-confort.** Ayuda a tu cliente a relajarse, a sentir confort en tu establecimiento. Colabora en su desconexión. ¿Cuántas veces la tienda está vacía y atiendes con rapidez a tu cliente? Haz un STOP de vez en cuando y pregúntale: «¿Cómo está de tiempo hoy, me gustaría enseñarle algo?» Aprovecha para hacerle sentir especial. Si estamos en una tienda de abrigos, ¿cómo puede sentirse tu cliente probándose una prenda que no esté a la venta y que sea una pieza casi única? Seguramente especial, y esta fantasía le ayudará a desconectar de su día a día. Busca la forma de que tu cliente pueda hacer un receso y desconecte de su presión diaria. Aprovecha esta oportunidad para ser más que su vendedor.

Tiendas WOW! para niños y adultos: Lego y Aubin&Wills

Lego es un fabricante de juguetes para niños que ha querido mantener la ilusion en sus tiendas. Se trata de una gran muestra de establecimientos que cumplen con los cinco sentidos de la experiencia. Con mucho éxito en su expansión mundial, consiguen atraer a público infantil y adulto.

Tienda Lego en Orlando

Por otra parte, la tienda de ropa londinense Aubin & Wills está irrumpiendo con gran fuerza y marca tendencia. De entrada, se diferencia de la competencia con su eslogan: «Diseño británico moderno. Inspirado en el pasado y viviendo en el presente». Su alto contenido patriótico y emocional se completa con los aspectos formales de la tienda de buen mobiliario, atención, etc. Y el colofón de todo ello se redondea con una sala de cine y una galería de arte.

Wow!!!

13. Tu posicionamiento exclusivo

Cuando hablamos de posicionamiento nos referimos a la forma en que un establecimiento o empresa asume notoriedad a través de su marca. ¿Cómo gestionas la marca de tu establecimiento? La marca es un intangible que cada vez está tomando un mayor sentido en las empresas de *retail*. Si se trata de una marca desarrollada, es aquello a lo que agarrarse, que hace la gran diferencia para el cliente y a lo que siente un apego, algo de lo que forma parte. ¿Qué hace que un joven compre unas zapatillas deportivas Nike, antes que las de la marca Pepito?

La marca es un intangible en alza en las empresas, ya que aporta valor, un valor que genera un margen muy apreciado en la cuenta de resultados y, lo más importante, una diferenciación respecto a la competencia.

La mayoría de las grandes empresas destinan importantes cantidades de dinero a la publicidad. Su objetivo es comunicar su marca y desarrollar una buena identidad. ¿Qué asocias con cada marca?:

Danone = sano

El Corte Inglés = calidad y servicio

BMW = disfrute de la conducción

Mercedes = estatus asequible

Volvo = seguridad

La asociación de conceptos a una marca se trabaja parcialmente con inversión publicitaria. Es conocido el caso de Zara (moda para todos), que únicamente publica anuncios para comunicar el inicio de las rebajas en sus establecimientos. Este ejemplo extremo ilustra que la marca se transmite desde dentro de las empresas, es decir, la filosofía y la asociación de marca deben difundirse internamente, deben ser creíbles por todo el equipo organizativo y, desde ese punto, deben iniciar su comunicación al exterior.

Algunas empresas caen en el error de pensar que, aunque los empleados de la compañía no integren la filosofía de la misma, los consumidores sí que la asociarán a la marca. La realidad es que cuando los clientes conocen la verdad, se sienten defraudados y ponen en entredicho la confianza en la marca.

Por su parte, las pequeñas empresas disponen de bajos presupuestos para publicidad, así que recurren a otras estrategias como el boca-oreja, la creatividad o acciones impactantes, que generarán una relevancia y un efecto moda entre los clientes.

El posicionamiento de los mercados de alimentación: mercado de San Miguel de Madrid y mercado de la Boqueria de Barcelona

El mercado de San Miguel de Madrid es un recinto construido en la llamada *arquitectura del hierro* a principios del siglo XX. A pesar de su remodelación a finales de siglo, su actividad comercial fue decayendo por la presión de los supermercados. Este fue el motivo por el que se refundó (2009), aprovechando su céntrica ubicación, su bonita arquitectura y el interés social por la gastronomía de calidad. En poco menos de un año, sin hacer casi publicidad, generó una marca robusta y solida. La clave de su éxito fue un concepto innovador, con una coherencia y un estudiado sistema que generaba una competencia perfecta, convirtiéndose en un punto de encuentro para turistas y residentes del país. Su posicionamiento se basa en producto de mercado, ocio, degustación, éxito y moda. (www.mercadodesanmiguel.com)

Por su parte, el mercado de la Boqueria de Barcelona es una marca internacional de culto gastronómico. Para los visitantes de la ciudad, representa la segunda parada obligatoria, después de la Sagrada Familia. Recibe unos 35.000 visitantes diarios. Su marca se ha conseguido gracias al esfuerzo de más de 250 concesionarios, que han ayudado durante más de 175 años a mejorar día a día la oferta gastronómica del mercado y de la ciudad. Su éxito se debe a la espectacularidad de algunos de sus puestos y a la variedad de productos. Mantenerse arriba de todo es un posicionamiento difícil de conseguir, especialmente porque tiene que conciliar los intereses de los visitantes y los de los clientes autóctonos. (www.boqueria.info)

Análisis y desarrollo de la marca

¿Has realizado alguna vez una consultoría de marca de tu empresa o tienda? Es importante que te sitúes:

1. **Analiza la marca y tu mercado (benchmarking).** ¿Dónde estás ubicado? Muchas veces te puedes ver como el mejor, aunque tu visión no sea compartida por tu cliente. Entérate de cómo piensa.

2. **Mapa de públicos estratégicos.** ¿Ya sabes a qué públicos quieres llegar? Identifica quiénes son las personas a las que quieres transmitir una buena imagen. Todos tus públicos son importantes:

   1. **Públicos Internos**
      - Empleados
      - Proveedores
      - Clientes
      - Acreedores

   2. **Públicos Externos**
      - Periodistas del sector
      - Redes sociales

- Clientes potenciales
- Administraciones
- Políticos
- Asociaciones
- ONG
- Etc.

3. **Diagnosis visual de tu tienda.** ¿Tienes alguna idea sobre la imagen visual que necesita tu tienda? ¿Has estudiado sobre ella? ¿Cada tienda que abras será diferente?

   Crea una tienda piloto virtual con la que te sientas cómodo. Previamente deberás realizar un estudio de lo que más interesa a tu cliente.

4. **Trabaja tu tienda virtual.** Tu pagina web y las redes sociales son una valiosa herramienta que comunica sobre ti en la distancia. Por ejemplo, cuando quieres organizar un viaje, ¿te documentas en internet? Seguramente sea así y habrás descartado hoteles por su mala web o porque su baja calidad fotográfica te ha generado desconfianza. Reflexiona, a ti te puede ocurrir lo mismo.

Traza tu plan de comunicación estratégico

Muchas empresas, enfrascadas en su día a día, no tienen bien definido qué quieren comunicar y cómo quieren ser vistas. En relaciones públicas hay un refrán que dice «hazlo bien y hazlo saber». ¿Cuántas empresas lo hacen muy bien y no lo saben transmitir o simplemente no lo explican?

El plan estratégico de comunicación, además de forzarte a determinar qué quieres difundir, te permitirá organizar una serie de acciones coherentes y ordenadas:

1. **Visual de marca.** ¿Qué transmite tu logotipo o nombre comercial?, ¿está actualizado?, ¿lo identificas con lo que vendes o a quien vendes? Tu logo dice mucho de ti.
2. **Atributos diferenciales.** Valora y estudia con qué elementos diferenciales quieres que te identifiquen y trabájalos. Serán parte del ADN de tu tienda y los transmitirás a partir de tu equipo humano.
3. **Acciones que influyen.** Desarrolla acciones que se identifiquen con tus atributos diferenciales. Influye y comunica, hazte visible y sal a buscar el éxito.
4. ***Leitmotiv*.** ¿Cuál es tu eslogan, tu razón de ser?, ¿cómo quieres llegar al corazón de tu cliente? Trabaja en tu propósito.

¿Cuál es tu propósito? Sin propósito no existe posicionamiento

Las mejores empresas del mundo comparten un secreto, tienen un propósito. Es lo que las hace más fuertes y, en ocasiones, es más importante que producir dinero. Las grandes compañías también siguen ideologías fundamentales, es decir, un conjunto de valores que articulan y definen no solo el camino a seguir, sino cómo hacer un mundo mejor. Los clientes se siente atraídos a estas compañías por la fuerza de sus propósitos.

Cuando una empresa no se desvía de lo que promueve e intenta influir a la sociedad con sus ideales, consigue transmitir un magnetismo emocional que pega a sus clientes. No todo debe ser tener un gran producto, hay muchos mensajes que deben tener la función de paraguas, para poder calar realmente en la gente. La filosofía de origen de la compañía debe estar siempre presente y los clientes deben tangibilizarla. La mayoría de las empresas se crean por pura pasión, especialmente para compartir en sociedad, ya que si no, serían simplemente creaciones individuales. Cuando llegan al mercado, hay una razón de peso más que el propio bien lucrativo, es necesario cuidar el propósito y ponerlo de manifiesto. Un ejemplo paradigmático es el de Coca-Cola, que continuamente transmite un mensaje optimista y positivo. Su propósito consiste en estimular la felicidad de la gente. Para ello alude a emociones, sentimientos, ilusiones y momentos para compartir. Por el mensaje que nos han inculcado, podríamos concluir que el consumo de Coca-Cola nos hace más felices.

14. Valora tus 7 P

Después de haber hecho un repaso a los 7 elementos que van a cambiar la *buena suerte* de tu tienda, queremos consolidar el uso de los conocimientos que te hemos transmitido. Te presentamos un sencillo cuadro para que ordenes, de mayor a menor satisfacción, las 7 P. Este cuadro te ayudará a ordenar tu plan de mejora. Una vez completado, haz una lista de aquellos elementos insatisfactorios y planifica un calendario de acción.

Evaluación de las 7 P

Las 7 P	**Muy insatisfecho**	**Insatisfecho**	**Satisfecho**	**Muy satisfecho**
Plaza				
Producto				
Personal				
Proceso				
Precio				
Promoción				
Posicionamiento				

Parte III

Convierte a tu cliente en vendedor de tu tienda. Hazle *fan número 1*

15. ¿Quién es tu cliente?

En esta parte vamos a repasar aspectos que ya hemos tratado sobre el cliente, profundizaremos en algunos de ellos y tratemos de la excelencia en los clientes, que son los fans. Empezaremos definiendo conceptos, para situarnos con precisión en nuestro tema. Según el diccionario, cliente es una «persona que utiliza con asiduidad los servicios de un profesional o empresa». Es interesante valorar esta definición, ya que considera cliente aquella persona que repite, diferenciándolo así del comprador ocasional. Ciertamente, son distintos. El comprador ocasional es aquella persona que esporádicamente compra en tu establecimiento y que posiblemente no vuelvas a ver. El cliente es aquella persona que entiende tu concepto, le gusta y repite. Si el comprador ocasional tiene el perfil de tus clientes, conquístalo, podéis beneficiaros mutuamente.

Siguiendo con las definiciones, cliente es quien accede a un producto o servicio por medio de una transacción financiera –dinero– u otro medio de pago. Quien compra es el comprador, y quien consume es el consumidor. Normalmente, cliente, comprador y consumidor son la misma persona. Los clientes y compradores son la base de tu negocio y sin ellos, tu tienda no tiene sentido. El término opuesto al de cliente es el de competidor.

En muchas ocasiones se ven tiendas vacías y, por error, se piensa que no va bien, que cerrarán en poco tiempo, que hacen algo mal, etc. Es posible que su modelo de negocio esté fundamentado en una base de datos de clientes que no necesariamente visitan el punto de venta. Esto suele pasar en restauración, venta a domicilio, venta a clientes VIP, etc. En definitiva, son tiendas que han elegido un cliente no visible. Obviamente, lo ideal es tener los dos tipos de clientes, ya que las tiendas vacías representan un potente indicador negativo.

Hay promotores de negocios de *retail* que solo piensan en la idea, el concepto y que esperan a que el cliente dé el paso. Esta actitud pasiva es irracional, ya que el cliente es quien va a pagar tu nómina. Es fundamental que decidas quién quieres que sea y tendrás que averiguar cuántos necesitas para sobrevivir cada día.

¿Sabes cómo es tu cliente?

En tu tienda puedes tener clientes, clientes potenciales o clientes ocasionales, clientes recomendados, clientes snobs, clientes de cercanía, clientes de competencia, clientes entregados... y así, un gran abanico de clientes. Es fundamental entender que todos son tus amigos y que te necesitan.

El cliente quiere que le asesores, que le recomiendes, que estés pendiente de él. Simplemente demanda atención, es sentido común. El cliente entra en una tienda con la posible misión de comprar, es ilógico no prestarle atención e ignorarle, o no entenderle o no escucharle, y perder su posible compra. Volvamos a empezar la escena: una persona ha tomado la decisión de entrar en tu tienda, ha visto algo que le ha llamado la atención, haz que sus expectativas se vean recompensadas. Aunque no tengas exactamente lo que busca, le puedes dar un buen regalo si le orientas en cómo conseguirlo. Seguro que en su mente quedará grabada tu cordialidad y vuelva a visitarte.

Muchas veces crees que tu cliente es como tú. Es importante que lo compruebes porque puedes llevarte una sorpresa y ver que es bien distinto a lo que imaginas. Así que empieza por:

- Preocuparte por él
- Conocerle
- Escucharle
- Asesorarle

- Sorprenderle
- Servirle

¿Alguna vez te has puesto en la piel de tu cliente? Al fin y al cabo tu también eres cliente y, al ser un profesional del *retail*, seguro que lo examinas todo con un mayor detenimiento y crítica. Eres más exigente con tu compra. Siendo así ¿empatizas con tus clientes? No pierdas de vista a tu cliente y estate pendiente de él para que se sienta siempre atendido. A menudo, el cliente quiere ser un solitario e indagar por sí solo, pero cuidado, en cuanto veas que mira hacia los lados y que busca a alguien, te está dando la señal, te busca a ti. Ya sabes lo que tienes que hacer, ofrécele tu mejor sonrisa y sírvele. Vender es un arte. Y recuerda lo siguiente:

1. Da siempre más de lo que espera recibir por el precio pagado
2. Es más fácil vender un tercer producto a quien ya tiene dos que un primero a quien no tiene ninguno

Perfiles de cliente

Cada cliente es diferente y, en muchas ocasiones, un mismo cliente puede adoptar diferentes tipologías. Muéstrate siempre con respeto, sea simpático o antipático. Olvida los prejuicios, ofrécele tu mejor servicio y compártelo con él. Un vendedor está para dar servicio al cliente y debe comprometerse a ello. ¿Te imaginas que en una consulta médica, llega un paciente de mal humor y que, por ese motivo, se le da un mal diagnóstico? ¿Verdad que lo veríamos como un comportamiento poco profesional? Pues en una tienda ocurre lo mismo, el vendedor es un profesional y debe estar a la altura de las circunstancias, tenga delante un cliente difícil o fácil. A continuación presentamos cuatro tipologías de clientes, para que tengas una miniguía de qué debes hacer y qué no debes hacer.

Tipología de cliente	Características	Manera de atenderlo	Errores a evitar
Dominante	Es amigo de las discusiones, a veces es sarcástico, intenta ponerte las cosas difíciles y hacerte responsable de su mal humor	Déjalo hablar, escucha con paciencia, hazle creer que lleva el timón de la situación. No le levantes la voz. Un vendedor con carácter puede calmarlo, aunque es mejor no tentar la suerte	No discutas. Date cuenta que su actitud no es un tema personal, por lo que no te impresiones
Distraído	No para de mirar en todas direcciones, camina despacio y sus movimientos son lentos	Sé amable, interésate rápidamente por sus necesidades, utiliza un mensaje claro y directo	No le interrumpas y no pierdas el hilo
Reservado	Es tímido, silencioso, no le gusta alzar la voz, introvertido por carácter	Muestra mucha amabilidad, dale seguridad, no le dejes. Estate a su lado durante todo el proceso de la venta	No le levantes la voz, se sentirá observado y le incomodarás
Indeciso	Es incapaz de decidir por sí mismo, necesita tu ayuda	Ofrécele mucha información y acciones útiles. Averigua cuáles son sus satisfacciones	No pierdas el hilo

¿Qué quiere hoy el cliente?

Es posible que, en ocasiones, el cliente no sepa lo que quiere, algo bastante común por la cantidad de oferta existente. O bien, que necesite un empujoncito en su compra impulsiva e irracional, o que busque un buen asesoramiento, ya que lleva días dándole vueltas a su compra más reflexiva. La realidad es que con una simple mirada no vas a saber qué es lo que quiere. Aún siendo un vendedor experimentado que intuya las necesidades, es fundamental recordar que el cliente quiere sentirse querido.

Así que si no se lo transmites, entenderá que no te interesas por él.

Para ilustrar esa comunicación de reconocimiento del otro, podemos imaginar que has quedado con un grupo de amigos. Uno de ellos tiene la cara pálida y los ojos rojos. Dado que intuyes que se encuentra mal, ya lo das por sabido y no le preguntas nada. Posiblemente, cuando te vayas, pensará: «Qué poco que le importo, no me ha preguntado por mi estado físico». Si por el contrario le preguntas: «¿Tienes mala cara, te pasa algo, puedo ayudarte, quieres que te acompañe a casa?», pensará que eres un buen amigo porque te interesas por él y estrecharéis más vuestros lazos de amistad. Como ves, las dos situaciones son bien diferentes y contrapuestas. Despierta tu curiosidad por tus clientes e interésate por ellos:

- ¿Sabes qué quieren?
- ¿Por qué te compran?
- ¿Qué valoran?
- ¿Cómo puedes mejorar sus expectativas?
- ¿Te preocupas?
- ¿Te importan?

El cliente es tu ventaja competitiva

El cliente es algo más que la persona que paga a cambio de un servicio. Es quien te da una ventaja competitiva frente a tus competidores. Su manera de ser y entender te hace diferente. Debes aprovechar su impulso. Vamos a describir los pasos a través de los cuales vas a conocerle más detalladamente:

Proceso de atención al cliente

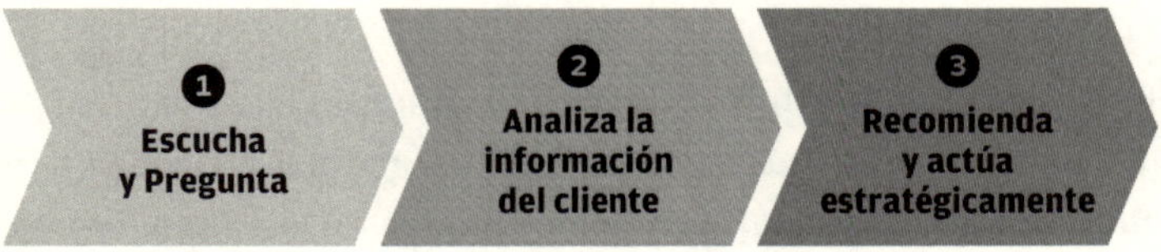

❶ Escuchar y preguntar

Hemos de ser conscientes que sin escucha no hay venta. Escuchar al cliente parece algo fácil. Sin embargo, la experiencia nos dice que puede ser una de las tareas más complejas del vendedor, porque su concentración en las ventas le puede hacer olvidar la conversación en busca de información.

El diálogo indagador se debe realizar mediante preguntas abiertas. El vendedor debe hacer hablar al cliente. Aquí tienes una pequeña guía para iniciar la conversación:

- ¿En qué le podemos ayudar?
- ¿Qué necesitaba para hoy?
- ¿Qué uso le dará al producto?
- ¿Cuáles son sus preferencias?

❷ Procesar la información

El cliente te ha facilitado toda una serie de informaciones que rápidamente debes analizar. Gracias a tu experiencia sabrás ordenarlas para detectar las necesidades adecuadas y ofrecer las mejores respuestas.

Imaginemos una persona que acude a una tienda especializada para adquirir unas zapatillas deportivas para correr. El vendedor ha escuchado la primera descripción de la necesidad del cliente: el uso, el terreno donde correrá, la marca que normalmente calza, etc. En ese momento, el vendedor preguntará algo más para profundizar en la petición: si es para correr una maratón, si tiene alguna lesión habitual, si necesita una amortiguación especial, etc. Cuando la descripción haya sido suficiente para el vendedor iniciará su estrategia comercial, no antes. Hay vendedores que se adelantan y confunden al cliente, dando una sensación de falta de profesionalidad.

❸ Atiende necesidades

Sin información es imposible detectar las necesidades del cliente. ¿Cuántas veces alguien ha querido comprar un capricho de calidad o lujo y los prejuicios del vendedor le han llevado a desistir de la compra? Ya hemos descrito la importancia de escuchar y analizar la información del cliente. Acto seguido, es el momento de analizar la información y dar una respuesta haciendo sentir importante al cliente. Tu objetivo es desencadenar un monólogo en el que se diga: «¡Qué bien, cómo me ha escuchado! Le importo, no me quiere colocar nada». Si tu saber hacer y humildad han llegado al cliente, este sentirá admiración por tu servicio. Actúa con sinceridad y los resultados llegarán. La mejor recompensa es hacer felices a los clientes.

Veamos un ejemplo de mala práctica. Pensemos en alguien que busca un viaje de relax para disfrutar con su pareja. Las preferencias del cliente son: grandes ciudades, bien industrializadas, ambiente tranquilo, con una oferta gastronómica de referencia y un hotel de menos de 50 habitaciones. ¿Te imaginas que el vendedor de la agencia, que es un gran seductor comercial, no ha escuchado para nada al cliente y le ofrece un viaje a Puerto Rico con alojamiento en un hotel de 2000 habitaciones? Posiblemente, el cliente disfrute del entorno, las playas, la cultura y el viaje sea un éxito, pero será un azar. Realmente no será un buen trabajo del vendedor, que le habrá colocado lo que habrá querido y no lo que se le ha pedido. Lamentablemente es algo común en *retail*, por eso tienes una buena oportunidad para satisfacer al cliente y conservarlo.

16. El cliente es el jefe y tú su referente

El uso de metáforas para el buen entendimiento de un concepto es un método muy efectivo para conseguirlo. Es fundamental transmitir fielmente nuestro mensaje al equipo, para que este interactue eficazmente con los clientes. Es algo evidente que no hay dos personas iguales, cada una puede pensar en lo mismo y entenderlo con matices muy distintos. Por tanto, es importante utilizar todos los recursos posibles para comprobar que entendemos lo mismo.

Hay algunas organizaciones que han tomado una palabra que, a su entender, define todos los atributos de un cliente. Algunas empresas denominan al cliente *el jefe*. Es una buena metáfora si convenimos que el jefe es alguien por quien tenemos respeto y obedecemos. Sea cual sea la denominación que queramos utilizar para que nuestro equipo comprenda mejor la dimensión del cliente, tiene que estar de acuerdo con los valores de la compañía.

En cualquier caso, es fundamental cuidar al cliente, mimarlo y darle todos los caprichos dentro de las reglas del juego y del respeto. Es inadmisible entrar en un establecimiento donde los malos vendedores dan a entender que te hacen un favor por atenderte. Muchas veces nos fijamos en las caras de los vendedores cuando se van los clientes sin comprar, y en algunas situaciones es de puro asombroso, a algunos malos vendedores les da igual, otros ni se enteran y otros ponen cara de rechazo, como si se hubiesen equivocado de tienda. Veamos un breve decálogo de la buena atención:

- **Regla nº 1:** Jamás rechaces a un cliente
- **Regla nº 2:** Valora la visita de un posible comprador
- **Regla nº3:** Despídete con mucha cortesía cuando se vaya, lo puedes hacer con un simple «que tenga un buen día»

- **Regla nº 4:** Fomenta el recuerdo de tu visitante en el último paso, aunque no compre

La lista de sugerencias

Entre otras herramientas para conseguir el agrado de los clientes hay la lista de sugerencias. En muchas ocasiones el cliente da a conocer sus peticiones verbalmente, aunque también las puede ofrecer por escrito. Aquí tenemos algunos ejemplos comunes:

- ¿Podéis poner música?
- ¿Podéis traer tallas más grandes?
- ¿Podéis hacer una renovación del local?
- ¿Podéis ampliar el horario?
- ¿Podéis aumentar el personal?
- ¿Podéis dar formación?
- ¿Podéis montar actividades lúdicas?
- ¿Podéis ampliar la gama de productos y marcas?

Y así un sinfín de sugerencias, pero ¿cuántas se ponen en práctica? El cliente debe saber que su sugerencia ha sido recibida y, si es posible, se le deben dar las gracias. En el caso de que active y funcione adecuadamente, se le debe comunicar. De esta manera, se sentirá parte de la organización. Un error muy habitual sucede cuando las sugerencias de los clientes son tomadas como propias. La honestidad es fundamental, las ideas no se pueden robar, al contrario, siempre se deben agradecer.

El trato al cliente en Apple, Mercadona y Disney

Apple no tiene clientes, tiene amigos, y cuando tus amigos son tus clientes es todo mucho más fácil. Te cuidan y te miman. Y lo más importante, te dicen las cosas de forma honesta. Es un ritual y para ellos ponerte la alfombra roja es su filosofía principal.

En Apple no existe el estrés. A pesar de que la tienda esté repleta de gente, los vendedores saben que tu eres su valor principal y deben cuidarte. Sus vendedores responden a todas las preguntas con buen humor y predisposición de servicio.

En Mercadona, *el diálogo* constante es una de las claves de para fortalecer el compromiso con los clientes. Para reforzar esta actitud y transformar la cultura de comunicación de la compañía, Mercadona fomenta la información a los Jefes, sustentada sobre el pilar de la comunicación directa. Participar de sus opiniones, conocer sus expectativas, captar sus necesidades y escuchar activamente la percepción que de los productos y servicios tienen los Jefes ha sido una de las iniciativas de las que más satisfecha se encuentra la compañía.

Asimismo, la compañía realiza un trabajo continuo de comunicación con su equipo. Cada semana realizan formaciones para tener al cliente cada día más satisfecho. Si en Mercadona preguntas quién es el Jefe, la respuesta será «¡USTED!»

En los parques de atracciones y tiendas de Disney saben que deben tratar con magia a sus clientes, es su principal atributo de marca. El público asiste a sus instalaciones con la ilusión de entrar en un mundo de fantasía.

Crea fans, mejor que clientes

La excelencia en la gestión de los clientes convierte a estos en fans de la compañía. ¿Quién puede negar que Nike, Lego o Starbucks tengan fans? Así pues, ¿qué hacen las empresas de éxito para garantizar una conexión con sus clientes? En primer lugar, entienden que la relación ganar-ganar con el cliente debe ser continua. Son conscientes de que, en ocasiones, tienen que ceder a favor de sus clientes, regalándoles momentos mágicos que conllevan un coste añadido para la empresa, aunque con la certeza de que lo tangibilizarán en un futuro a medio plazo.

En segundo lugar, entienden que deben construir a favor de su cliente, por ello dedican grandes esfuerzos a escuchar sus necesidades, les piden información para mejorar su negocio y les premian por ello. Es uno de los primeros pasos para que el cliente se sienta valorado por sus marcas, se establece una relación de colaboración y de entrega por parte del cliente.

Interiorizados los dos parámetros anteriores, hay cinco acciones que harán que el cliente se sienta especial y, en el mejor de los casos, que viva en un sueño:

1. **Creación de experiencias vivenciales en la tienda.** Hacen de la experiencia de compra todo un divertimento, el cliente se lo pasa bien comprando. Es importante que el cliente se sienta cómodo en el punto de venta y no vea la necesidad de irse por no poder ser atendido. El cliente debe distraerse, y la forma es que pueda experimentar en el punto de venta, o bien utilizando, probando o degustando los productos comercializados, o bien viviendo momentos lúdicos, con demostraciones o *shows*.

2. **Espacios *trendy*.** Nos referimos a que la tienda sea acogedora y el cliente se sienta a gusto durante mucho tiempo. Cada vez es más importante destinar recursos a decorar un espacio de forma atractiva y funcional. Por supuesto, es muy relevante que el cliente pueda captar la calidad de producto que puede encontrar con el aspecto visual de la tienda.

3. **Información en tiempo real.** Actualmente es asequible contar con tecnologías para tener informados continuamente a los clientes. Las redes sociales y los dispositivos electrónicos son elementos funcionales para que el cliente esté conecta-

do con la empresa en tiempo real y a la vez pueda interactuar. El cliente valora mucho ser el primero en estar informado.

4. **Premiar la fidelidad con originalidad.** La exclusividad es algo muy apreciado por las personas. Se puede materializar invitándo a clientes relevantes a eventos de la marca, les dejan probar sus productos antes de su lanzamiento, etc. Se trata de incentivar el estatus de algunos clientes para que hablen de los nuevos productos o acontecimientos con gran orgullo y emoción a su red de contactos.

5. **Renovación continua.** Algunas marcas de éxito están continuamente reinventándose, haciendo que sus clientes se sientan atraídos por conseguir la última novedad. El cliente, cada vez necesita más novedades, es importante que se puedan cumplir las expectativas y presentar productos nuevos o renovados para dar a entender al cliente que se quiere ser una referencia en el sector. Haz de tu empresa una cazatendencias. Este punto del decálogo puede contradecirse totalmente en algunos casos, ya que hay tiendas que se posicionan en la tradición, porque es lo que aprecian sus clientes. Siempre dedebemos emprender nuestras acciones teniendo en cuenta nuestros valores.

En definitiva, convierte a tus clientes en fans y tendrás un gran potencial de marca. El camino no es fácil, pero hay que empezar por lo más importante, entender que el cliente es tu razón de ser. Y otro detalle fundamental, interioriza que tu *target* de cliente es tu mejor prescriptor. Todo ello sin olvidar que las emociones, los sentidos y el equipo son esenciales para la creación de fans.

Aumentar Fans = Aumentar Ventas

A todo lo dicho, solo añadir otra regla de oro: «una queja es un regalo». Debemos ser conscientes que hoy el cliente no se queja, su reacción consiste en dejar de comprar y buscar una alternativa. Con sus sugerencias, el fan te da oportunidades y te ayuda a mejorar. Los fans no solo te traen clientes, te ayudan a mejorar tus defectos con pasión porque te quieren.

El abanico y los fans de Mandarin Oriental

La reconocida y prestigiosa cadena internacional de hoteles de lujo Mandarin Oriental, lanzó una campaña publicitaria, a partir del símbolo de su logotipo, llamada Fan, donde hace un juego de palabras con su significado en inglés -abanico y aficionado-. En esta acción ha conseguido que relevantes personalidades que se alojan habitualmente en sus establecimientos se presten a ser fans del grupo hotelero y hagan donaciones benéficas.

El posicionamiento de Mandarin Oriental en el lujo y la exclusividad es evidente. ¿A quién no le gustaría toparse con algún famoso como Liam Neeson o Jane Seymour? (www.mandarinoriental.com/our_fans/) Además, si has tenido el privilegio de vivir la experiencia Mandarin Oriental, podrás reconocer que es un sueño hecho realidad: el cuidado por el detalle, la sensación de estar atendido sin ser incordiado y el privilegio de tener en todo momento la sensación de orientarte a la felicidad. Todo ello convierte al cliente en fan.

Cómo fidelizas a tu cliente

Todas las empresas de *retail* excelentes son conscientes que deben poner en practica técnicas para que el cliente vuelva y repita su compra con asiduidad. Hay una norma sagrada que dice lo siguiente: El coste de mantener un cliente es inferior al coste de captación de un nuevo cliente, y este último es, a su vez, inferior al coste de recuperación de un cliente perdido.

En muchas ocasiones desconocemos la fidelidad de nuestros clientes y es un error que nos puede salir muy caro a medio plazo. Es fundamental conocer quién es el cliente. La base de datos es una herramienta fundamental para gestionar el negocio, sirve para tener un canal de comunicación con el cliente y, al mismo tiempo, para obtener datos para la toma de decisiones estratégicas. No olvides que estar en contacto con tu cliente es una fórmula más de comunicación y que lo va a percibir como que le importas. Comprueba de qué informaciones dispones:

- ¿Sabes cuántos clientes entran a la tienda?
- ¿Sabes cuántos clientes te compran al día?
- ¿Sabes cuál es el importe del *ticket* medio de tu cliente?
- ¿Conoces las preferencias de tus clientes?
- ¿Conoces qué es lo que más les gusta de tu establecimiento?

¿Ya tienes una ficha estándar para que tu cliente lo rellene y te dé sus datos? Si la respuesta es negativa ya puedes ponerte en marcha. Si ya la tienes y, por ejemplo, es de 1000 clientes y al día te visitan 1000 clientes, algo estás haciendo mal en tu recogida de datos. Antes de empezar, te recomendamos verificar lo siguiente:

1. Comprometerte a usar los datos. Si tus clientes te los facilitan y no los usas ni te comunicas, te penalizarán por tu pasividad
2. Situación legal. Debes cumplir con la normativa de la Ley de Protección de Datos
3. Cómo y cuándo vas hacer uso a la base de datos
4. Cómo premiarás a los clientes por sus datos

Cómo ser la tienda de referencia de tus fans

Acabamos de ver que para fidelizar a nuestros clientes y fans necesitamos una base de datos que nos permita manejar la información para conocerlos más. Sin embargo, además de que esas personas te visiten asiduamente, queremos que tu tienda sea su referente. Te presentamos los tres pasos para conseguirlo:

❶ **Ganarse la confianza.** Es fundamental que tu cliente tenga confianza en lo que le estás ofreciendo. El primer paso es hacerle entender que eres el mejor en lo que haces y ofreces y que tienes buenos ingredientes para que tu cliente confíe en ti. Aquí tienes el mapa de procesos de la confianza:

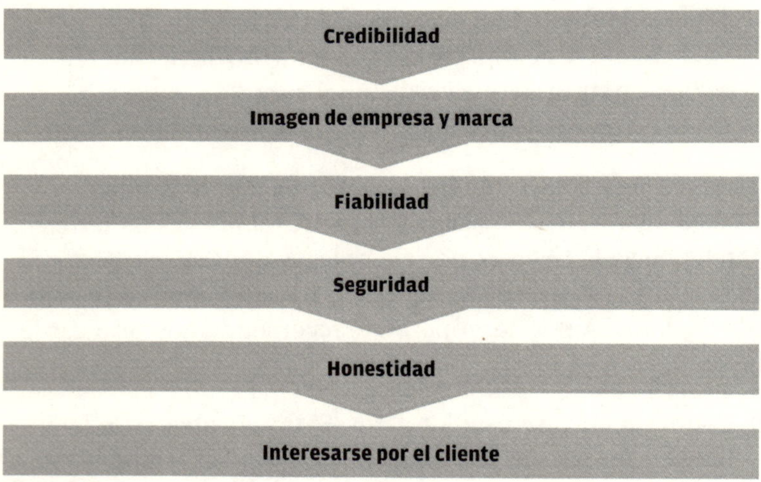

❷ **Crear vínculos.** Implica a tu cliente y verás el efecto mágico de ver cómo conectas con él e inicias una relación duradera. Es muy importante que a menudo realices acciones para que tu cliente se sienta partícipe y entienda que tu empresa pertenece a su escala de prioridades y valores.

Todas las empresas de éxito en *retail*, son conscientes que si no ponen en acción a su cliente, lo van a perder tarde o temprano. Es por este motivo que cada vez se crean más clubs y más acciones en torno a las emociones y las acciones experienciales. Aquí tenemos los pasos para desarrollar los vínculos:

1. **Supera las expectativas de tu cliente**
2. **Trátale como a un socio**
3. **Crea tu plan de comunicación**
4. **Gestiona su tiempo**
5. **Crea el plan de disponibilidad 100%: 24 horas x 7 días**
6. **Sorpréndele continuamente**
7. **Facilítale información**
8. **Personaliza**
9. **Soluciona los errores**
10. **Gestiona con éxito las reclamaciones**

❸ **Premia la lealtad.** Haz que tu cliente tenga un reconocimiento por su fidelidad. Hazle sentir diferente, especial, por darte continuidad como cliente de tu tienda. Hazle sentir un cliente VIP, cuidando de no molestar a otros clientes que pueden sentirse frustrados por entender que merecen el mismo trato. Las condiciones para ser VIP deben ser muy claras. A continuación te facilitamos una lista de acciones para conseguir ser su referente:

- **Hazle regalos**
- **Crea descuentos**
- **Organiza eventos**
- **ofrece facilidades de financiación**
- **Dale formación**
- **Suscríbele a tu revista**
- **Crea tu club de clientes**

Anexo

Aprendiendo de los mejores

Las historias de los gurús del *retail*

Vamos a realizar un emocionante viaje al mundo del *retail* de la mano de una veintena de personas que se han convertido en auténticos maestros por su grandísima aportación a este sector. Ha sido muy difícil elegirlos, pues al menos otros veinte también reclamarían su presencia en esta lista.

1. Amancio Ortega (Inditex)
2. Millard (Mickey) Drexler (Gap/J.Crew)
3. Ramón Areces (El Corte Inglés)
4. Steve Jobs / Ron Johnson (Apple Stores)
5. Sam Walton (Walmart)
6. Mike Jeffries (Abercrombie & Fitch)
7. Victor Gruen (creador de los centros comerciales)
8. Ingvar Kamprad (IKEA)
9. Leslie Wexner (The Limited)
10. Arthur Ryan (Primark)
11. Simon Marks (Marks & Spencer)
12. Karl and Theo Albrecht (ALDI)
13. Terence Conran (Habitat)
14. André Essel y Max Théret (FNAC)
15. Charles Lazarus (Toys "R" Us)
16. Michael Cullen (King Kullen)
17. Charles Walgreen (Walgreens)
18. Julián Imaz (Friday's Project y Shana)
19. Howard Schultz (Starbucks)
20. Juan Roig (Mercadona)

En la selección hemos atendido a que hubiera maestros americanos y europeos, y además, hemos incluido una pequeña representación de gurús españoles. Para cada uno de ellos vamos a hacer una breve nota biográfica en la que describimos la esencia de sus enseñanzas, seguida de unas citas en las que ellos mismos nos hablarán de sus experiencias. Debemos aclarar que algunos de estos maestros se han prodigado más que otros en la prensa o escribiendo, de ahí que la cantidad de declaraciones de cada uno sea distinta. Es interesante remarcar que cuando leemos todas las citas de un tirón, vemos que muchos de ellos coinciden en asuntos clave, aunque los expresen de diversas maneras. A continuación te presentamos nuestro *Hall of Fame*:

1. Amancio Ortega: Zara o cómo hacer posible lo imposible

Amancio Ortega aprendió el negocio trabajando desde los 13 años en las tiendas. Primero, fue *chico de los recados* en Gala, famosa fábrica de camisas a medida de La Coruña. Después, como vendedor en la mejor mercería de la ciudad: La Maja. Allí aprendió las claves de la venta al detalle a través del contacto diario con clientes y representantes de los proveedores. Pasaron los años y Amancio, ya casado, decidió dar un paso adelante e independizarse, creando su propia empresa con su hermano y cuñada, para confeccionar batas y ropa interior que vendían en tiendas. Con ello, Amancio intentaba ganar el margen del fabricante que, trabajando en La Maja, veía cómo se lo llevaban las empresas que allí vendían sus productos.

Una vez rodado el negocio, en los años 60 y a primeros de los 70, Amancio se dio cuenta de que, con su experiencia, podía dar el salto para tener tanto el margen del fabricante como el del comerciante. Se estaba produciendo un hueco en el mercado: el modelo de negocio de las modistas tenía muchas limitaciones a futuro y había espacio para que alguien creara un concepto de moda confeccionada. Amancio buscaba el imposible: moda *rápida* y a precios bajos.

Tras una primera expansión en Galicia, hasta primeros de los años 80, se lanzó a abrir las primeras tiendas en las principales ciudades españolas: primero en Barcelona (1983) y luego en ciudades como Madrid, Valladolid, Zaragoza, Sevilla, Valencia, Bilbao y Málaga. En diciembre de 1988 se produjo la primera apertura internacional, en concreto en la ciudad portuguesa de Oporto. A esta siguieron, en 1989 y 1990 respectivamente, las aperturas en Nueva York y París, que supusieron una inflexión significativa en el proceso de expansión por ser mercados muy difíciles y, en el caso americano, muy alejado en el espacio.

A partir de ahí... el resto es historia, como se suele decir. Constante crecimiento con nuevas cadenas (Pull & Bear, Massimo Dutti, Bershka, Stradivarius, etc.) y nuevos países, hasta llegar a su implantación con éxito en los principales mercados mundiales, y su escalada al número uno en la lista de *retailers* de moda, y de Amancio Ortega como uno de los hombres más ricos del planeta.

Algunas citas

1. **Vocación:** «Mi universidad es mi profesión. Fui dependiente a los 13 años. Mi trabajo es a dedicación plena. Lo que la empresa necesita se lo damos todos los días. Mi prioridad permanentemente es la compañía. Lo mío es vocación empresarial. El empresario de antes no me gustaba. Yo quería ser un empresario diferente. Quería cambiar socialmente el mundo del empresario. En estos momentos es cuando veo mis carencias. Al hablar de mi trayectoria se repite mil veces que empecé a trabajar a los 13 años. Es verdad, pero no se añade que, como no podía hacerlo todo, no estudié lo suficiente. Ahora lo echo en falta».

2. **Enfoque:** «Delegaba lo que no me gustaba, los temas fiscales, de finanzas y de recursos humanos. Y me involucraba en lo que me gustaba, la distribución y el producto. Ahora lo estoy pasando bárbaro con las obras. Antes venía los sá-

bados y domingos y hacía las colecciones. Ahora no diseño, desde hace unos años no estoy en las colecciones. Lo importante es marcarse metas en la vida y poner toda tu alma en cumplirlas. La compañía va muy bien porque cada uno tiene muy claras sus funciones».

❸ **No confiarse:** «Lo peor es la autocomplacencia. En esta compañía nunca nos hemos confiado. Yo nunca me quedaba contento con lo que hacía y siempre he tratado de inculcar esto mismo a todos los que me rodean. El optimismo es negativo. Las cosas son fáciles, rebuscamos demasiado. Hablar tanto es negativo... Hay que poner diariamente la organización boca abajo. Y hay que inventarse de vez en cuando una suspensión de pagos. El éxito nunca está garantizado».

❹ **Crecimiento y rentabilidad:** «Si no hay crecimiento, una compañía se muere. Una empresa tiene que estar viva por la gente que tiene. El crecimiento, de fábricas, centros de distribución, tiendas,... es un mecanismo de supervivencia. Sin esa capacidad extra de activos no existe la flexibilidad. Los resultados no son importantes, nunca los miro. Si acaso, al cabo de tres o cuatro meses Pablo [Isla, el consejero delegado] me los enseña. Lo que hacemos es innovar y no mirar los resultados. Si he ganado tanto dinero es porque mi objetivo no ha sido nunca ganar dinero».

❺ **La moda:** «Nuestra inspiración no está solo en las pasarelas. Mi gran consejo a quien quiera hacer algo rompedor es que mire a la calle. Es la gran pasarela. Las demás, no me interesan tanto. La moda está en la calle. Zara no es moda gallega ni española, es *moda* [sin apellidos]. Existe el mismo estilo de mujer en todos los Zara. Cada tienda Zara puede atender a un tipo distinto de cliente, pero en el caso de las mujeres, todas son la "mujer Zara". Siempre seleccionas un estilo de mujer porque el mundo entero no sería posible».

❻ **El producto: la clave.** «No podemos fallar. El producto tiene que ser acertado. Hay que potenciar la unidad entre el diseño y el área comercial. En diseño, el mundo copia a Europa. En un viaje a Japón vi lencería de color azul y roja. La intenté copiar. Un suizo me trajo los bordados y aún tengo todo el almacén lleno. La ropa es universal y el cliente también es universal. No diseñas para 84 países, diseñas un vestido para 84 países. No es tan complejo».

❼ **La tienda:** «Nadie invierte tanto en distribución como nosotros. El dinero hay que ponerlo en la tienda, que es la marca. Siento que respiro a través de las tiendas, que son el corazón de Inditex. [Sobre los locales de tienda en compra y en alquiler y los precios que se pagan]: Jamás comprar una cosa cara ha sido un fracaso. Lo barato es un fracaso».

❽ **Estilo de gestión:** «Dar autonomía real a las personas es la clave. Damos autonomía cien por cien a todo el mundo. Un control anual y punto, eso es lo que me gustaría que me hicieran a mí. Damos la responsabilidad [de una tienda que vende] 30 millones de euros a una persona de 25 años, que es la que dirige una tienda. Meto siempre competencia interna. No necesitamos consultores. ¿O resulta que van a conocer más de nuestro negocio unas personas que no lo viven, día a día, como nosotros?»

❾ **Escuchar:** «Desde siempre me ha gustado sentarme entre los más creativos y escuchar lo que proponen... Me gusta mucho escucharles. Quiero estar de un lado al otro del edificio para mantenerme muy al día de lo que ocurre. Cuando una persona llega de nuestra tienda de Shanghai, siempre le pregunto qué se vende, por qué y cómo. Lo que más nos ha ayudado a tener éxito en la venta es que a diario recibimos la información de lo que está ocurriendo en todas las tiendas del mundo. El consumidor es quien tiene la palabra, con más fuerza cada día, y nosotros hemos aprendido que es fundamental escucharle».

⑩ **Problemas y soluciones:** «Quiero soluciones inmediatas a los problemas: si hay que viajar hoy, no importa. Hay que llamar a las cosas como son: al pan, pan y al vino, vino. Lo que vale hoy no tiene por qué valer mañana, lo más probable sea que no sirva para nada».

2. Millard Drexler: el Steve Jobs del *retail*

Millard *Mickey* Drexler, neoyorkino de nacimiento, y con una amplia experiencia profesional como *retailer*, recaló a mediados de la década de 1980 en Gap e hizo que esta marca fuera deseada en todo el mundo. Supo, además, replicar el «modelo Gap» con la compra y relanzamiento de la cadena Banana Republic, y con la creación de Old Navy como marca *low cost* de la empresa, para recoger esa parte del mercado que no llegaba a Gap ni a Banana Republic.

Drexler estuvo en el Consejo de Administración de Apple durante 10 años, como amigo de Steve Jobs, a quien seguro ayudó con sus consejos en el lanzamiento de las tiendas Apple. Muchos lo han llamado el *Steve Jobs del retail*, por su grandísima intuición y enorme capacidad de enfoque en el producto, buscando siempre la perfección, rizando el rizo en cada campaña: *the perfect chino*, *the perfect T-shirt*, *the perfect cargo pant*,...

Fue precisamente Steve Jobs, que igualmente ocupaba una plaza en el Consejo de Administración de Gap, quien le llamó un día para decirle que iban a echarle... La razón: ante la crisis de ventas en los básicos y el ataque en su mercado local de cadenas de moda como Zara o H&M, Drexler intentó a finales de los 1990 introducir más *moda*, sin éxito. No consiguió cambiar radicalmente la manera de trabajar de una empresa que sabía hacer muy bien los básicos y venderlos con un marketing de primera. Veremos en las frases de Mickey Drexler que aprendió mucho de su fracaso final en Gap.

Se encontró sin trabajo de un día para otro, pero supo rehacerse con fuerza. Fichado como Director General de J. Crew, una cadena americana de ropa tradicional, la supo relanzar con su obsesiva atención al producto y al *marketing*. Su dedicación llega al punto de que tiene un sistema para dirigirse por altavoces a todo el personal de Central. De esta manera puede transmitir durante sus visitas a tiendas o proveedores, sin dilaciones, los puntos a destacar o mejorar.

Algunas citas:

1. **Pasión:** «Ten gran convicción sobre lo que haces y no tengas miedo a hacerlo» (una idea que compartía con Steve Jobs).

2. **Posicionamiento:** «Controla el producto, la distribución, el precio. J. Crew solo se vende en tiendas J. Crew. Lo que los clientes pagan es su percepción del *valor* que les aportamos: tejido a tejido, pespunte a pespunte, con las etiquetas... Quiero ofrecer el mejor valor a nuestros clientes».

3. **Clientes:** «Visita las tiendas regularmente y sé muy claro sobre lo que funciona y lo que no. Sé rápido siempre en reconocer los errores. Hay que estar en todo momento a la caza del mejor producto (color, calidad, estilo, etc.). Todo debe verse desde la perspectiva de nuestro cliente. Nuestros clientes nos pueden decir diez cosas para mejorar. Por ello, hay que estar siempre dispuesto a escuchar. Hay que crear canales para que los clientes nos den su *feedback* y debemos responder, es deseable, de manera rápida y personalizada. Crea una cultura especial en la empresa de que hay que escuchar a nuestro cliente».

4. **Detalles:** «Enfócate en los detalles (por ejemplo, ¿deberían las puertas de las tiendas abrirse hacia dentro o hacia afuera?... el 90% de los clientes empuja la puerta cuando entra a una tienda). Los directores de operaciones de tiendas de-

ben involucrarse en todas las áreas del negocio y trabajar en las tiendas "con sus manos", incluso respondiendo a las consultas y quejas de clientes».

5 **Enfoque:** «No intentes vender de todo para todo el mundo. No asumas más de lo que puedes hacer bien. Haz lo que sabes hacer bien. Hazlo mejor que los demás. No te hagas vulnerable a la competencia. Siempre busca cómo diferenciarte y separarte de los demás. Busca en todo momento cómo conseguir *ser grande* y *excelente*. Tanto si te ocupas del día a día de la empresa como si miras al largo plazo, lo que haces siempre tiene una influencia decisiva en el futuro de la empresa. Nunca se "llega a la meta", y si consideras que has "llegado", es momento de que pases el testigo a otra persona».

6 **Globalización:** «Mi mercado es el mundo: diseñamos en Nueva York, los materiales vienen de Italia y fabricamos en China».

7 **Mejora continua:** «Desarrollas tu fuerza en la adversidad. Tienes que seguir avanzando hacia tu objetivo a través de enormes obstáculos. No es fácil. Sobre todo en un negocio como este, donde hay tantas partes móviles. Tienes que construir un buen equipo y saber quién es bueno y quién no y hay que continuar elevando el nivel de su vida. Para mí es siempre así. Tengo que levantarme cada día y hacerlo hoy un poco mejor e ir a trabajar para aprender. La creatividad funciona en piloto automático, no importa lo que está sucediendo en otras partes de mi vida... no puedo evitarlo, siempre pienso en producto. Ha estado en mi durante todos estos años. Condiciona todo lo que hago».

8 **Qué hace el *retailer*:** «Un comerciante es alguien que se da cuenta de cómo seleccionar, cómo huele el producto, cómo identificar lo bueno, cómo se sentirá su cliente, cómo cali-

brar los tiempos de surtido, cómo comprar, cómo vender y cómo hacer que consigamos que "dos más dos sean seis". Nosotros compramos y vendemos productos. Queremos comprar barato y vender caro: eso es lo que todos hacemos para obtener un beneficio... Un comerciante tiene una cierta intuición y el instinto comercial y sabe cómo gestionar un negocio, es decir, conoce los números. La mercancía habla con usted con números. Hay un ritmo. Vemos el producto como números... Y las tiendas como números. Y los números tienen que salir bien para que sea sostenible el negocio. Allá donde voy (sea una tienda, restaurante,...) siempre pregunto a las personas que me atienden por los productos más vendidos (*best sellers*)».

9 **Gestión:** «Dos de las habilidades más importantes que un ejecutivo puede tener son: 1) hacer entender a las personas que no están funcionando bien, que sepan que han de mejorar y 2) evitar las mentiras: la gente que te rodea se entera de todo lo que pasa».

10 **Intuición**: «El éxito en los negocios es una combinación de experiencia, intuición y sabiduría. Es clave ser siempre tan curioso como se pueda. La intuición es muy importante. Cuando repasas toda la información que tienes, tu instinto se convierte en el mejor instrumento para tomar decisiones. Es fundamental para ello que siempre hagas las preguntas clave y mires cada situación desde todos los ángulos. Mi consejo a los que trabajan conmigo es que se pregunten, en su área de responsabilidad, qué tienen que hacer para destacar y dominar... Es precisamente esto lo que hace que las empresas sean *grandes*».

3. Ramón Areces: «si no queda satisfecho, le devolvemos su dinero»

Ramón Areces Rodríguez triunfó en España con su gran creación, El Corte Inglés, tras aprender bien el negocio en el extranjero. Nacido en Grado (Asturias) en 1904 y a los 15 años emigró a Cuba, donde comenzó a trabajar como aprendiz en los almacenes El Encanto, donde su tío, César Rodríguez, ocupaba un alto cargo. Cuatro años después de su llegada a La Habana, Ramón Areces viajó a los Estados Unidos y Canadá para estudiar inglés y economía, y observar de cerca los mejores ejemplos de grandes almacenes.

Regresó a La Habana en 1928, para poner en práctica todo lo aprendido en El Encanto y preparar su regreso a España. En 1934, con la ayuda de su tío César, compró una pequeña tienda en la calle Preciados de Madrid: un negocio de ropa infantil que se llamaba El Corte Inglés. Tras la guerra civil, en 1940, amplió y trasladó la tienda dentro de la misma calle. Ese fue el comienzo de una carrera comercial que terminó en 1995, ya con Isidoro Álvarez como sucesor de Areces, y con la compra de su principal competidor: Galerías Preciados. Como hecho curioso, decir que el fundador de esta empresa, Pepín Fernández, también era nacido en Grado (Asturias), sobrino de César Rodríguez y se formó en El Encanto como su primo Ramón.

Se cuenta la anécdota de que, a mediados de la década de 1960, cuando Sears estaba a punto de entrar en el mercado español, Ramón Areces en persona cogió su maleta y se fue a Estados Unidos para analizar a su futura competencia. Como resultado del viaje, se trajo el famoso lema: «Si no queda satisfecho, le devolvemos su dinero» y el proyecto de lanzar la tarjeta El Corte Inglés. Cuando, años después, Sears abrió finalmente en Madrid y Barcelona se encontraron con una competencia local que había hecho sus deberes y estaba preparada para su llegada.

Desde sus comienzos, El Corte Inglés tuvo su propio estilo de gestión, basado en el liderazgo de Ramón Areces y un grupo de colaboradores cercanos. El crecimiento de El Corte Inglés siempre ha sido autofinanciado y ha abierto centros en casi todas las principales ciudades del España. El Corte Inglés es hoy un grupo diversificado (Hipercor, Viajes El Corte Inglés, Informática El Corte Inglés, Investrónica, etc.). Las palabras y los ejemplos del fundador, fallecido en 1989, siguen sirviendo de inspiración en esta empresa, primer grupo de distribución en España y entre los cuarenta principales del mundo por volumen de ventas.

Algunas citas:

1. **Talento:** «Si algún día alguien se entretuviera en analizar mi pequeña historia, me daría por satisfecho si, al lado de la relación de mis defectos y de mis yerros, figurara una anotación que dijera: "Sin embargo, no vaciló en apostar por el talento". El factor humano es lo que nos diferencia de la competencia».

2. **Claves del éxito:** «A quienes trabajan conmigo les exijo lealtad, honradez y laboriosidad. Esto es lo más rentable a la larga».

3. **Integridad del concepto:** Cuando una empresa textil se ofreció a alquilar una planta en uno de sus centros comerciales de Andalucía: «rechazo la propuesta porque no estoy dispuesto a tener un Gibraltar dentro de la empresa».

4. **Crecimiento autofinanciado:** «Hemos ido creciendo, como se dice, sin prisa pero sin pausa, al ritmo de los recursos que hemos ido generando, administrando bien nuestras pesetas, vigilando mucho nuestras inversiones. Invertir con deuda es trabajar para los bancos».

5. **Valor:** «Para mí, una peseta tiene el valor de un millón, y un millón el de una peseta».

6 **Herederos:** «No creo en la herencia: me parece inmoral, injusta y un criadero de señoritos. Es mejor que estos millones [se refiere a su fortuna personal] vayan a la Fundación Areces. Creo que esto es útil. Más útil que si van a un señorito o a un vago o a un sobrino idiota que después lo despilfarra».

7 **Importancia de tener músculo industrial:** «Creamos Induyco para hacer frente a las dificultades de suministro de prendas confeccionadas y para dar un estilo propio a nuestras confecciones, en años dominados por la economía de producción. Había que vender lo que se producía».

8 **Servicio:** «El último de los empleados debe ser capaz de atender al mejor de los clientes, y atenderle bien. La clave del éxito de El Corte Inglés es el grado de integración de nuestros empleados: más de dos mil de ellos, en todas las escalas directivas, son también accionistas».

9 **Innovación comercial:** «Nosotros impusimos al comercio de la época un nuevo estilo, el precio fijo, dar una serie de servicios al cliente, como la posibilidad de cambiar y devolver; iniciamos los grandes surtidos, tratamos de que nuestros precios fuesen justos y los géneros, de calidad».

10 **Gran Almacén, motor de la economía:** «Hemos posibilitado en gran medida el desarrollo industrial [de España] porque sabido es que no puede haber una producción en masa sin una distribución equivalente que, además, satisfaga las crecientes exigencias del consumidor».

4. Steve Jobs / Ron Johnson: revolucionarios del *retail* del siglo XXI

Mucho se ha hablado y escrito sobre Steve Jobs, gran visionario empresarial, transformador de muchos aspectos de nuestras vidas. Lo que muchos no saben es que su visión del producto y la marca ha tenido un efecto transformador en el *retail* desde principios de este siglo.

Cuando Apple creó su primer Apple Store en 2001, los analistas de Wall Street predijeron la rápida desaparición de esta nueva línea de negocio e incluso de la empresa. Como ejemplo, el 21 de mayo de 2001, el semanario "Business Week", ante la apertura de las primeras tiendas Apple titulaba su artículo: *Sorry, Steve: Here's Why Apple Stores Won't Work –Lo sentimos Steve: estas son las razones por las que las tiendas Apple no funcionarán–*. Steve Jobs llevaba apenas tres años de nuevo al control de la Apple que vio nacer y de la que le echaron, y tenía muy claro que la única manera que tenía de *llegar* de manera más rápida a sus clientes era mediante la apertura de *catedrales de la marca*. Además, la interacción directa con sus clientes en las tiendas Apple serviría para conocer mucho mejor lo que opinaban de cada uno de los productos que iba a lanzar. Para crear el concepto de tiendas, Jobs fichó a Ron Johnson, directivo con experiencia en *retail*. Durante meses, ambos trabajaron juntos en el proyecto. Se inspiraron en la cadena de hoteles Four Seasons y las tiendas de Disney.

El éxito de los Apple Store demuestra que la filosofía de gestión de Steve Jobs estaba en cuidar todos los detalles de la empresa. También en la capacidad de Apple para coordinar con éxito productos, personas, tecnología y servicios a través de una experiencia de compra que no tiene precedentes y que es objeto de emulación.

Como ejemplo de esto, crearon un protocolo de atención al cliente en el que cada letra de APPLE corresponde a una fase del mismo (en inglés):

- **Approach:** Aproxímate a los clientes con un trato personalizado y cálido.

- **Probe:** Pregunta de manera amable para entender todas las necesidades del cliente.
- **Present:** Presentar una solución para el cliente para llevar a casa *hoy*.
- **Listen:** Escuchar y resolver cualquier problema o preocupación.
- **End:** Terminar con una cordial despedida y una invitación a volver. Steve sabía que superando las expectativas de los clientes se crean seguidores de la marca, evangelistas, fidelizados,...

Algunas citas de Steve Jobs y Ron Johnson:

1. **Necesidad de *retail* propio:** «Steve Jobs dijo que Apple quiere "la mejor experiencia de compra" para sus productos, y que la mayoría de los distribuidores autorizados de Apple no estaban invirtiendo lo suficiente en su producto o en la introducción de mejoras en la venta». - Ron Johnson

2. **Concepto de *retail* de Steve Jobs:** «Recuerdo las primeras cuatro palabras que Steve pronunció cuando me contrató, y sus cuatro primeras palabras cuando habló con analistas y la prensa sobre la venta al por menor. Dijo: "El retail es duro." Y continuó: "Vamos a operar con un poco de miedo, porque el comercio minorista es un negocio duro"». - Ron Johnson

3. **El *retail* como salvación:** «El mundo era entonces muy diferente, pero en mayo de 2001 abrimos nuestra primera tienda. Aquí, en un sector que estaba dominado por Dell, por la caída de los precios, con márgenes cada vez más bajos, éramos una compañía que perdía dinero, donde íbamos a apostar casi todo a la baza del *retail* propio. A pesar de que teníamos solo el tres por ciento de cuota de mercado, nos dijimos: "vamos a hacer bien este trabajo". Y aquí están las dos palabras que todo el mundo decía: "Estás loco"». - Ron Johnson

❹ **Menos productos, más experiencias:** «Me senté en una habitación con Steve, y pusimos en una mesa la gama de productos que Apple tenía entonces (2001). Había cuatro productos: dos portátiles y dos ordenadores de sobremesa. El iPod no se había lanzado todavía (¡!). Y eso fue todo un reto, crear un concepto de tienda con solo cuatro productos. Sin embargo, terminó siendo nuestra gran oportunidad, porque, como dijo Steve, "aunque no tengamos productos suficientes para llenar una tienda de ese tamaño, vamos a llenarla con experiencias". Nos movimos rápidamente a partir de una experiencia de compra a una experiencia en la que el cliente se sienta *propietario*, con el Genius Bar y todo aquello que copiamos del mundo del teatro y de los hoteles, reclutando un nuevo perfil de vendedor, que trate de tú a tú a cada cliente de una manera amable. Para todo esto tuvimos una libertad que la mayoría de los *retailers* no tienen al tener que llenar de producto sus tiendas y faltarles el espacio para hacer algo diferente». – Ron Johnson

❺ **Experiencias de vida vs. experiencias de tienda:** «No pensamos acerca de su "experiencia en la tienda". Dijimos: vamos a diseñar esta tienda en torno a su experiencia de vida. Pensábamos que había algo mejor en ello al diseñar la tienda alrededor de la vida del cliente, no teniendo en cuenta solo el momento en que está en la tienda. Con ello, queremos conseguir que nuestras tiendas generen una "experiencia de propiedad" en el cliente. Eso es lo que tratamos de crear. Nos gusta pensar que ahí es donde todo comienza. Pero lo más importante que pusimos en nuestros criterios de diseño de tienda es que queríamos crear experiencias muy distintas para los clientes, en lo que perciben como un lugar público. Como si se tratara de una gran biblioteca, que dispone de luz natural, y que se percibe como un regalo a la comunidad. En un mundo perfecto, eso es lo que queremos que nuestras tiendas sean. Y no queremos que la tienda trate solo del producto, sino de una serie de experiencias que hacen que sea mucho más que una tienda». - Ron Johnson

6 **Tienda como *Meeting Point*.** «Me la imaginaba [la primera tienda Apple] como un espacio para todo el mundo, un lugar donde serían bienvenidas todas las edades y donde la gente podría sentir que realmente pertenecía. Vamos a romper las reglas. Vamos a ser una tienda para todo el mundo. Los propietarios de PC-Windows y los propietarios de Mac. Las pequeñas empresas y los consumidores. Abuelos tratando de conectarse con sus nietos. Nietos tratando de comprar su primer ordenador. Olvídense de la sabiduría convencional del *retail* que dice que la clave del éxito está en especializarse». - Ron Johnson

7 **La decisión sobre ubicaciones de tienda:** «Fue muy simple. Los clientes fieles de Mac irán donde haya una tienda Apple, aunque esté lejos, ¿verdad? Pero las personas que poseen Windows y que queremos convertir a Mac no están dispuestos a hacerlo. Ellos no creen que quieren un Mac y no van a correr el riesgo de un trayecto de veinte minutos por si se da el caso de que no les guste. Pero si ponemos nuestra tienda en un centro comercial o en una calle que está junto al clientes, y reducimos su riesgo de un trayecto de veinte minutos a veinte pasos, entonces es más probable que entren, porque no hay realmente ningún riesgo. Así que decidimos poner nuestras tiendas en ubicaciones de alto tráfico. Y funciona». - Steve Jobs

8 **Ideas claras:** «No hacemos investigación de mercado. No contratamos a consultores. Los únicos consultores que he contratado en mis años en Apple es una empresa para analizar la estrategia de venta de Gateway, porque no quería cometer sus mismos errores al poner en marcha las tiendas Apple. Pero nunca he contratado a consultores, per se. Solo queremos hacer grandes productos». - Steve Jobs

9 **Atención al número de visitas y pasión por los detalles:** «Los números interesantes para mí no son los de los resultados financieros, sino los de la gente que viene a nuestras tiendas. Porque, en última instancia, la tienda es de los clientes. Y al igual que Peter Lynch (de Fidelity Investments) solía decir: "Donde está la gente es donde está la acción" Esa es la naturaleza de nuestras tiendas. ¿Lleva un buen diseño a un aumento de las ventas y del beneficio? La respuesta es claramente sí. La razón de que Apple sea muy buena empresa, creo yo, y la razón de que sus tiendas tengan éxito, no es solo porque tenemos la "gran idea", sino porque tenemos una verdadera pasión por el más pequeño detalle. Es legendario en nuestros productos y tenemos la misma pasión por el detalle en el *retail*». - Ron Johnson

10 **Criterios de selección de personas:** «Mi trabajo es hacer que se enriquezca la vida de las personas. Y no es trabajo aburrido y laborioso de que me tiene que gustar el producto y ocuparme de los problemas de los clientes. Mi trabajo es mucho más: enriquezco la vida de las personas. Y con este criterio es como elegimos al personal, lo formamos y lo motivamos. Pero creo que la única cosa que separa a nuestras tiendas y a la empresa Apple de otras, es fundamentalmente que hay dos tipos de personas en el mundo, en mi opinión. Hay "creyentes" y hay "escépticos". Apple está lleno de creyentes. Y los creyentes tienden a pensar en lo que puede ser, y simplemente van y lo hacen, y no se pasan el tiempo preguntando por qué no. Ellos van y consiguen que las cosas funcionen». - Ron Johnson

5. Sam Walton: siempre precios bajos

Sam Walton nació en un pueblo de Oklahoma en 1918. En el seno de una familia con pocos recursos, ordeñaba vacas de pequeño, y sufrió la profunda crisis de los años 30 y luego la guerra mundial. Trabajó como camarero mientras estudiaba Economía en la universidad. Tras volver de la Segunda Guerra Mundial, abrió un pequeño supermercado en un pueblo de Arkansas, con un crédito de 20 000 dólares.

Allí empezó a aplicar sus ideas innovadoras al campo del *retail*. Sam quería que todas las estanterías estuvieran constantemente llenas de artículos variados y a precios accesibles para todos. Para lograrlo, fue pionero en las compras por cantidad para obtener descuentos. Incluso, inventó el concepto de las cajas registradoras ubicadas a la salida del supermercado, para que los clientes pudieran pagar todas sus compras en un solo lugar. Estos conceptos comunes en la teoría del supermercado salieron de la mente de Sam Walton.

El negocio se fue expandiendo hasta que, en 1962, adquirió su marca definitiva: Walmart, que creció velozmente en Estados Unidos y en otros países. Su empresa se ha convertido en el mayor empleador comercial a nivel mundial, con casi dos millones y medio de empleados. Si por ventas se comparara con las principales economías mundiales, ocuparía el puesto 25, por delante de muchos países de la OCDE.

Sam, fallecido en 1992, llegó a ser el hombre más rico de los Estados Unidos entre 1985 y 1988. Walmart es, probablemente, el *retailer* más influyente a nivel mundial. Sus puntos fuertes son el precio y el amplio surtido. Gracias a su gigantesco volumen puede absorber la inflación, multiplicar las eficiencias en la cadena de suministro, negociar mejores precios con sus proveedores o influir en las conductas de los millones de clientes que compran cada semana. Quizás por todo esto, y por algunas malas prácticas reconocidas por la empresa y rectificadas, se ha generado un movimiento antiWalmart en Estados Unidos y otras partes del mundo.

Algunas citas

1. **Dedicación al negocio:** «Crea en él más que cualquier persona. Creo haber superado cada una de mis deficiencias personales por la simple pasión por el trabajo. No sé si usted nació con esa pasión pero se puede aprender, porque se necesita de ella. Si le gusta su trabajo, usted le dedicará todos los días, y lo hará de la mejor manera, y en poco tiempo todos en su entorno se contagiarán de esa pasión, como una enfermedad».

2. **División de las ganancias con los colaboradores y trato como socios:** «Ellos también lo tratarán como socio y juntos tendrán un desempeño muy superior a las expectativas. Continúe siendo una empresa y conserve el control, pero compórtese como un líder en una sociedad. Estimule a sus colaboradores y tendrá participación en la compañía. Ofrezca acciones con descuentos y ofrézcalas cuando ellos se jubilen. Fue la mejor cosa que hicimos».

3. **Motivación de los colaboradores:** «Dinero y prosperidad no bastan. Constantemente, día a día, piense en nuevas maneras y más interesantes de motivar y desafiar a sus colaboradores. Fije metas elevadas, estimule la competición y registre sus desempeños con puntos. Haga apuestas con premios extravagantes. Si eso hace perder el efecto novedad, haga combinaciones, promueva el cambio de funciones entre gerentes para mantener el desafío. Mantenga a todos en suspenso con su próxima idea. No se torne muy previsible».

4. **Comunicación de todo lo que sea posible a los colaboradores:** «Cuanto más sepan ellos, más comprenderán. Cuanto más comprendan, más se interesarán. Cuanto más se interesen... no van a parar. Si usted no confía en sus auxiliares y no deja que sepan lo que está ocurriendo, ellos sentirán que

usted no los considera realmente como socios. Información es poder y lo que usted gana en dar poder a sus colaboradores es mucho más que el riesgo de que esas informaciones lleguen a oídos de su competencia».

5. **Puesta en valor de todo lo que los colaboradores hagan por el negocio:** «El cheque de salario y la opción para la compra de acciones compran un tipo de lealtad. Pero a todos nosotros nos gusta saber cuándo alguien aprecia lo que hacemos por ellos. Nos gusta oír eso con frecuencia, en especial cuando hacemos alguna cosa de la cual realmente nos enorgullecemos. Nada sustituye perfectamente unas pocas palabras de elogio, bien escogidas, sinceras y oportunas. Ellas no cuestan absolutamente nada y valen una fortuna».

6. **Minimización del fracaso:** «Vea con buen humor sus fracasos. No lo tome muy en serio. Relájese y todos a su alrededor se relajarán. Diviértase. Muestre entusiasmo siempre. Cuando todo falla invente una fantasía y cante una canción boba. Haga que todos canten con usted. Piense en números que sean suyos. Todo eso es más importante y más divertido de lo que usted piensa y realmente engaña a la competencia: "Por qué vamos a tomar en serio a esos locos de Walmart", decían».

7. **Escucha de todos en la compañía y estímulo para que hablen:** «Las personas en la línea de frente, las que hablan con el cliente, son las únicas que realmente saben lo que está sucediendo allí. Es mejor averiguar lo que ellas saben. Eso es calidad total. Para delegar responsabilidades en su organización y hacer que las buenas ideas se desarrollen junto con las responsabilidades, usted debe escuchar lo que sus colaboradores y asociados están tratando de decir».

8. **Superación de las expectativas de los clientes:** «Si lo hace, ellos volverán siempre. Deles lo que quieren y un poco más.

Haga que sientan que usted los aprecia. Trate de aprovecharse de todos sus errores y no presente justificaciones. Pida disculpas. Asuma todo lo que hace. Recuerde que las dos palabras más importantes para que el cliente vuelva son: "Satisfacción garantizada"».

9. **Mejor control de gastos que la competencia:** «Es ahí que usted puede encontrar siempre la ventaja competitiva. Durante veinticinco años de actividades, mucho antes que Walmart fuese conocida como la mayor tienda comercial del país, nosotros éramos los primeros del ramo en la menor proporción entre gastos y ventas. Usted puede cometer muchos errores y recuperarse, si tiene una empresa eficiente. O puede ser brillante y cerrar las puertas, si fuera ineficiente».

10. **Nadar a contracorriente:** «Recorra el camino inverso. No tome en cuenta la sabiduría convencional. Si todos están haciéndolo de una manera, hay una buena posibilidad de que usted encuentre su espacio si hace exactamente lo opuesto. Pero esté preparado para ser condenado por mucha gente que le dirá que está en el camino errado. Creo que, en toda mi vida, lo que oí con más frecuencia fue: "Una ciudad con menos de 50 000 habitantes no puede mantener una tienda de ofertas [como la mía] por mucho tiempo"».

6. Mike Jeffries: inventor del *retail ritual*

Mike Jeffries es el creador de uno de los conceptos de *retail* más destacados de los últimos veinte años: Abercrombie & Fitch. Nacido en Los Ángeles en 1944, es *retailer* por nacimiento: su padre, propietario de una cadena de tiendas de juguetes, le encargaba hacer el pedido de juguetes a los proveedores cuando era niño... El padre puso la compra en manos del *experto* de la familia. Tras la universidad y haber terminado su MBA, se quedó en Nueva York, donde aprendió *retail* en una *buena escuela*: los míticos grandes almacenes Abraham & Straus (ya desaparecidos) donde coincidió con Mickey Drexler, que luego pasó a Gap y ahora dirige J. Crew.

En 1980, decidió crear su propia compañía, Alcott & Andrews, para fabricar ropa dirigida a un sector en alza y todavía poco atendido por las tiendas de la época: la mujer de oficina. Fracasó y tuvo que cerrar en 1983, debido a la falta de capital para financiar una excesiva expansión. A pesar de ello, la suerte le sonrió cuando en 1992 Leslie Wexner, propietario de The Limited, se fijó en él para dirigir y hacer renacer una empresa que habían comprado en 1988, Abercrombie & Fitch, y que no había manera de que funcionara...

El genio de Mike Jeffries inventó un nuevo concepto de tienda para esa cadena que, con evoluciones y con alguna polémica que otra, ha llegado a nuestros días. En 1996, Abercrombie & Fitch salió a bolsa, y Mike empieza a crear nuevos conceptos: Abercrombie, HOLLISTER y GILLY HICKS, básicamente.

Cada uno de estos conceptos está tematizado o ambientado en ua localización y un estilo de vida concreto. Por ejemplo, HOLLISTER en California, en las playas de Malibú. Para Abercrombie & Fitch, la temática es neoyorkina. Para GILLIE HICKS, Sydney y el *Australian Way of Life*. En todos ellos se reproduce el mismo esquema de *retail*: vendedores muy atractivos, música a gran volumen, oscuridad, fuerte perfume que lo inunda todo. El resultado de esta fórmula son unas tiendas que generan una fuerte atracción sobre *tribus* de jóvenes que se ven identificados con cada uno de los conceptos y que participan en los ritos: esperar para entrar, al probar, al pagar, bailar y disfrutar dentro de la tienda, etc.

Algunas citas

1. **La tienda como clave:** «¿Cómo es una tienda?¿Qué se siente en ella? ¿A qué huele? Esto es lo que me tiene obsesionado».

2. **Criterios de selección:** «Reclutamos gente guapa para nuestras tiendas, porque la gente guapa atrae a otra gente guapa y queremos vender a gente guapa y *cool*. No pretendemos vender a otros clientes...».

3. **Definición del *retail ritual*:** «Creo que lo que representamos, sexualmente, es sano. Es divertido. No es oscuro. No es degradante. Y no es gay, y no es hetero, y no es de negros ni de blancos. No tiene que ver con las etiquetas. Eso sería cínico y ¡nosotros no somos cínicos! Tiene que ver con esta maravillosa camaradería, amistad y diversión que existe en esta generación y que, curiosamente, no existe en generaciones anteriores. ¿Vamos demasiado lejos algunas veces? Claro que sí. Pero lo intentamos y queremos ser graciosos, y permanecer auténticos y relevantes para nuestro cliente objetivo. No me importa lo que otros, que no sean nuestro cliente objetivo, piensen».

4. **Definición de los clientes:** «En cada escuela están los chicos que son *cool* y populares y los que no son tan *cool*. Realmente, nosotros apuntamos a los que son *cool*. Buscamos a los chicos 100% americanos con una gran actitud y muchos amigos. Mucha gente no *encaja* en nuestra marca y no lo harán nunca. ¿Somos excluyentes? Totalmente. Las empresas que tienen problemas son aquellas que se dedican a apuntar a cualquiera: jóvenes, viejos, gordos, flacos,... Entonces te conviertes en algo tan vulgar como un helado de vainilla».

5. **El *Casual Luxury* y la necesidad de rebajar precios por la crisis:** «Las promociones son una solución de corto plazo con temibles efectos a largo plazo».

7. Victor Gruen: creador del primer centro comercial cerrado

Victor David Gruen (1903-1980), arquitecto nacido en Viena, ha pasado a la historia como el creador del moderno concepto de Centro Comercial –*mall* en inglés–. Gruen estudió arquitectura en la Academia de Bellas Artes de Viena y emigró a Estados Unidos, donde tantos intelectuales europeos se refugiaron de los nazis.

En la década de 1940 los grandes almacenes empezaban a abandonar los centros de las ciudades estadounidenses y se mudaban a los suburbios. Los primeros centros comerciales eran calles con tiendas a ambos lados, en un intento de recrear lo que se había dejado en las ciudades, los *strip mall*.

Gruen había ensayado el concepto con el centro comercial Northland, un *mall* a cielo abierto que proyectó en 1954 en un suburbio de Detroit, al estilo de los que ya había en California desde los años 40. En 1956 recibió el encargo de construir un centro comercial cerrado en Southdale (Edina, Minnesotta), donde las temperaturas eran muy bajas en invierno. Para ello lanzó un techo sobre la estructura e instaló un sistema de aire acondicionado para mantener la temperatura a 24°C, que un comunicado de prensa de la época se llamó la *Eterna Primavera*. El centro comercial moderno había nacido...

Este centro tenía un número extraordinario de innovaciones:

- Rampas para que los clientes pudieran entrar por la planta baja o por el primer piso - algo que se convirtió en una característica estándar de los centros comerciales–.
- Espacio interior abierto para que los compradores puedan ver las tiendas, por encima o por debajo de ellos.
- Dibujos de animales en el parking para ayudar a los clientes a recordar el camino de regreso a sus vehículos.

Curiosamente, con esta invención tan estadounidense se intentaba evocar el centro de una ciudad europea como Viena, aunque adaptado al siglo XX. Los compradores esperaban para sentarse y charlar tomando café, tal como se hacía en las plazas de las ciudades europeas. Gruen, en su concepto de centro comercial, desterraba los coches a la parte exterior de su centro, pues a su juicio generaban ruido e introducían un elemento antisocial.

A pesar de los esfuerzos de Gruen en los Estados Unidos, se le llegó a negar la concepción del primer centro comercial moderno y, en 1978, dos años antes de su muerte, en una casa de campo a las afueras de Viena, Gruen desautorizó el desarrollo que había tenido el concepto de centro comercial como una bastardización de su idea original.

Algunas citas

1. **Desarrollo inacabado del concepto:** «No me dejaron terminar mi proyecto de centro comercial, que incluía parques, escuelas y apartamentos. La codicia hizo que se quedara en una simple *gran caja* en un mar de plazas de parking».

2. **Centro de relaciones**: «Con el proyecto del primer centro comercial quería recrear el concepto vienés de plaza en un pueblo americano como Edina, Minnessotta».

3. **Innovación con detractores**: «Cuando se abrió el centro comercial de Southdale, muchos dijeron que era una barbaridad y que no se volvería a construir nada así. Se equivocaron, pues había nacido el moderno centro comercial».

4. **Nuevo concepto de ocio de consumo:** «Detrás del concepto de *mall* estaba la idea de que millones de clientes pudieran pasar más tiempo en el centro comercial y que pudieran, por tanto, visitar más tiendas y gastar más en ellas. Esto en su momento fue muy revolucionario».

❺ **Dispersión de la población**: «No se puede evitar que el sol salga cada mañana... y en los años 50 el proceso de abandono de los centros de ciudad en Estados Unidos era cada vez más acelerado. Siempre me pareció una barbaridad colaborar en este proceso de dispersión de la población. El verdadero centro comercial está en las ciudades, no en los artificiosos y pretenciosos cajones en los que han querido meter a la población como si fueran cobayas».

8. Ingvar Kamprad: el *flatpack* en *big box*

Nacido en 1926, a los 17 años recibió de su padre una cantidad de dinero por sacar buenas notas en la escuela. Ingvar lo invirtió en la creación de lo que acabaría siendo IKEA (el nombre está formado por las iniciales de Ingvar Kamprad, además de las primeras letras de Elmtaryd y Agunnaryd, la granja y la aldea de Suecia donde creció). Este chico sueco de raíces alemanas, que empezó a vender cajas de cerillas a los cinco años, siguió ampliando su negocio a una variedad de mercancías, incluidos los accesorios, relojes y joyas. Cuando superó su capacidad para atender a sus clientes de forma individual, comenzó a entregar mercancía por correo y contrató la furgoneta del lechero del pueblo para hacer sus entregas.

En 1947, Kamprad introdujo los muebles producidos localmente en su línea de productos. El mobiliario fue un éxito de manera inmediata y, en 1953, abrió la primera tienda-exposición de muebles. A los pocos años ideó, con uno de sus diseñadores, el sistema de embalaje plano *–flatpack–*, lo que reducía considerablemente los costos de envío, minimizaba los daños por el transporte, aumentaba la capacidad de almacenamiento de inventario y hacía que fuera fácil para los clientes llevar por sí mismos los muebles a casa. Empezaron a verse por todo el mundo las grandes tiendas *–big box–* de IKEA con los colores de la bandera sueca. A lo largo de su trayectoria, IKEA ha sobrevivido a la oposición de los fabricantes y comercios de muebles locales, dado que su implantación les ha afectado como un terremoto. Así, han intentado el boicot, el desprestigio de los productos e incluso el de Kamprad. A pesar de ello, la marca ha salido reforzada. En cambio, para los clientes, el mercado local de la decoración se ve sacudido, pues IKEA se convierte en punto de encuentro para todas las clases sociales que tienen acceso a *redecorar su vida*. El objetivo de Kamprad es hacer accesibles los muebles a cualquiera.

La visión de Kamprad ha sido la fuerza impulsora detrás del éxito de IKEA. Por motivos fiscales y de sucesión, se trasladó y estableció definitivamente en Suiza (1978). Es conocido por llevar una vida sencilla a pesar de su enorme riqueza- aún conduce un viejo Volvo y vuela siempre en aerolíneas *low cost*-. Su compañía está presente en una cuarentena de países y es, sin duda, uno de los más eficaces y únicos modelos de negocios de *retail* de éxito internacional en la historia.

Algunas citas

1. **Espíritu emprendedor**: «Solo dejas de cometer errores mientras duermes».

2. **Gestión del tiempo**: «Divide tu vida en unidades de diez minutos y sacrifica las menos posibles en actividades insignificantes. Termina el trabajo que tienes pendiente cada día. Es el mejor somnífero».

3. **Simplicidad**: «La burocracia complica y paraliza. La planificación en exceso es la principal causa de "muerte corporativa". Yo les digo a los economistas: ¿qué demonio es el porcentaje?»

4. **Realización personal**: «La felicidad no está en alcanzar tu objetivo, sino en el camino hacia el objetivo, así que quita la palabra imposible de tu diccionario».

❺ **Orientación al cliente**: «Reflexiona: si es bueno para nuestros clientes, lo será también para ti en el largo plazo. Hacer negocios con la conciencia tranquila es una actitud que merece la pena».

❻ **Espíritu de ahorro**: «El desperdicio de recursos es un pecado mortal en IKEA».

❼ **Sostenibilidad a todos los niveles**: «Tenemos que encontrar más tiempo para nosotros mismos y para recuperar el respeto por el medio ambiente en el que vivimos».

❽ **Innovación**: «"¡Qué demonios!, pues le quitamos las patas y las ponemos debajo del tablero", me dijo Gillis. Y vaya si el paquete quedó pequeño y perfecto...» [Describiendo cómo se inventó el sistema de empaquetado *flatpack* de IKEA.]

❾ **Mejora continua**: «Hay pocas personas que hayan tenido tantos fracasos en su vida como yo. IKEA no es totalmente perfecta. Me irrita profundamente escuchar que IKEA es la mejor empresa en el mundo. Estamos en el buen camino para convertirse en eso, con seguridad, pero no estamos allí todavía».

❿ **Participación en las decisiones**: «Lo que me mantiene en marcha es la sensación de, en un sentido amplio, estar participando en un gigantesco proyecto de democratización, aunque totalmente distinto de aquel a que se suele aludir con este término. De ahí que me sienta decepcionado cuando nos equivocamos, cuando compramos el producto equivocado... Me siento como si fuese culpa mía, siento que debo intervenir, pese a que hoy en día somos ya tantos los responsables de que salga bien».

⓫ **Autoconocimiento**: «Tengo numerosos defectos. Falta de seguridad en mí mismo, falta de determinación, incapacidad para los idiomas, un desastre como organizador, lamentable falta de receptividad para el aprendizaje, entre otros. Por suerte, Nuestro Señor me ha concedido la facultad de reconocer mis debilidades, de modo que tengo la oportunidad de compensarlas, por ejemplo, eligiendo bien a mis colaboradores. Por otro lado, tengo cierto olfato para los negocios y una buena porción del sentido común propio del campesino».

⓬ **Visión**: «A menudo me han hecho la pregunta de si yo, de joven, podía imaginar las proporciones que cobraría IKEA. Por supuesto que no, aunque ya entonces abrigase grandes sueños. Mi vida consistiría en demostrar que un producto bueno y funcional no tenía por qué ser caro. Ese es aún mi objetivo. Aún nos queda mucho camino».

9. Leslie Wexner: el *secreto de Victoria* es el *marketing*

Leslie Wexner aprendió el negocio de la moda trabajando con sus padres, Bella Wexner y Harry, que tenían una pequeña tienda de ropa femenina en el centro de Columbus, Ohio. En ella trabajó tras dejar sus estudios en la Ohio State University.

Escuchando lo que pedían sus clientas, Leslie sugirió a sus padres que se especializaran en ropa de *sport* y su padre se negó. Así pues, pidió un préstamo de 5000 dólares a una tía y abrió la primera tienda The Limited, en 1963. El nombre viene de la idea de limitar las colecciones a la ropa deportiva. La tienda funcionaba muy bien y empezó a expandirse hasta llegar a seis puntos de venta en 1969. Entonces, Wexner creó una sociedad anónima y realizó una venta de acciones para financiar una expansión masiva en los centros comerciales. Leslie utilizó la popularidad de los centros comerciales para impulsar el crecimiento de The Limited, ya que creía que el éxito de una tienda dependía más de la ubicación que del *marketing* de la marca.

Tras el triunfo inicial de The Limited, Wexner quiso replicar la fórmula de éxito, creando conceptos nuevos en lencería y cosmética como Victoria 's Secret, jabones con Bath & Body Works o Limited Too, centrado en los niños, etc. Wexner compró Abercrombie & Fitch en 1986, cuando estaba al borde de la quiebra y le dio la vuelta cuando fichó a Mike Jeffries, en quien confió para que la reposicionara hacia el mercado más joven y sexy. En 1998, Wexner ganó mucho dinero sacando Abercrombie & Fitch a bolsa.

Su concepto de *retail* de más renombre a nivel internacional ha sido, sin duda, Victoria's Secret. Cada año, en muchos países, se espera con impaciencia cada desfile en el que aparecen las modelos más bellas y famosas del mundo, sin reparar en gastos. Wexner se dio cuenta que en el caso de Victoria's Secret no podía sobrevivir solo con buenas ubicaciones en centros comerciales, como hizo con The Limited. Victoria's Secret es una marca, y como tal, hay que invertir en ella anualmente millones de dólares para que a nivel mundial se convierta en una marca deseada. Wexner ha sabido adaptarse a los tiempos, e incluso su concepto originario, The Limited, es ahora una tienda que vende menos ropa y más lencería, cosmética y productos de cuidado personal.

Algunas citas

1. **Aprecio del riesgo**: «Hay que evaluar a los compradores no solo por sus éxitos, sino también por sus fracasos. Demasiados aciertos significan que el comprador no está apostando lo suficiente».

2. **La crisis como aliado**: «La situación económica actual nos está ayudando: cuando las cosas van mal, todo el mundo pone atención a lo que hace».

3. **Entorno siempre cambiante**: «Estamos en un negocio donde todo tiene un ciclo de vida. Tenemos que conseguir acertar

con las tendencias de mercado y con los ciclos económicos (grandes y pequeños) para estar listos y disparar. Es realmente emocionante».

4. **Buena gestión de tienda**: «Llevo en este negocio desde 1963 y siempre he ganado dinero. La clave está en conseguir una muy buena gestión en el punto de venta. No tenemos por qué ser "perfectos", pero sí condenadamente buenos».

10. Arthur Ryan: pionero del *low cost* en Europa

A pesar de que Arthur Ryan consiguió hacer en la moda lo que hizo su compatriota Michael O'Leary para el transporte aéreo (Ryanair), es decir, tener mucha oferta de producto y venderlo barato, Ryan se diferencia de O'Leary en evitar ser el centro de atención.

Arthur Ryan, nacido en 1935, participó en la creación de Primark en 1969, una cadena de moda que en Irlanda se llama Penney's. Aunque muy respetado por sus logros en Primark, Arthur Ryan, de avanzada edad, es una figura poco conocida en la ciudad. Un adicto al trabajo, siempre ha tratado de proteger su privacidad y nunca da entrevistas. Hay gente que afirma que siempre tuvo miedo a un secuestro político en la Irlanda convulsa de las décadas de 1970 y 1980.

Fue Garfield Weston, cuyos descendientes son los accionistas mayoritarios en la empresa matriz de Primark, la Associated British Foods (ABF), quien contrató a Ryan para abrir una cadena de ropa con precios de descuento. Desde entonces, la empresa ha llegado a los principales mercados de Europa, como Alemania, España, Portugal, Países Bajos,... donde se está expandiendo con mucha fuerza y éxito, y probablemente saltará a otros continente en los próximos años.

Apodado *Primarni* por algunos estilistas de moda, este *retailer* ha demostrado ser muy rápido en la conversión de tendencias de pasarela en prendas que se puedan vender en todas sus tiendas. Ha sido un éxito de ventas desde su fundación y las recesiones han favorecido su crecimiento. En concreto, en el Reino Unido aceleró su crecimiento mediante la compra de tiendas de cadenas en crisis, como Littlewoods o C&A.

La fortaleza de Primark está en entender el *retail* de moda desde la perspectiva del negocio de los supermercados. No en vano, Primark pertenece al grupo AB Foods, cuyo punto fuerte está en los productos de alimentación destinados a ser vendidos en los supermercados con márgenes muy estrechos.

Algunas citas

No hay muchas citas de Arthur Ryan pues en su tiempo como máximo dirigente de Primark no hizo apariciones públicas ni concedió entrevistas. Hay una anécdota que resume muy bien su política de compras: Cuando un dueño de una fábrica se le acercó con un producto que costaba 5 libras y se podría vender en la tienda por 10, Ryan contestó que no le interesaba, a no ser que le trajera un producto que valiera 3 y se pudiera vender en tienda por 7 libras. Esa es la clave del *low cost*: precio más bajo y margen más bajo, con el objetivo de conseguir volúmenes altos.

11. Simon Marks: inventor del *marksismo* popularizador de la moda

Michael Marks y Tom Spencer fundaron Marks & Spencer en 1894, cuando se unieron para abrir puestos de venta ambulante –Penny Bazaars–. La pareja comenzó a abrir tiendas en el norte de Inglaterra y luego llegaron al sur y al oeste, mejorando con los años su prototipo de bazar y ampliando el surtido de producto.

Fallecido Michael, y tras diversas peripecias legales, su hijo Simon Marks ocupó su puesto y fue el artífice, junto con su cuñado, Israel Sieff de la modernización y expansión del concepto de tiendas populares. Sacó la empresa a bolsa y consiguió fondos para la compra y reforma de locales.

Estados Unidos estaba por delante de Europa en tendencias comerciales. Por ello, al igual que otros maestros del *retail*, como Ramón Areces, decidió hacer un largo viaje exploratorio para aprender de las últimas prácticas en comercio. De allí volvió con su nuevo concepto de tienda: el *superstore*. Además, le quedó claro que el futuro iba por ampliar cada vez más el surtido, sin abandonar el enfoque a precio, que era el origen de sus *penny bazaars*. En 1932 había más de veinte departamentos diferentes en sus tiendas. Destacaba en especial la alimentación, que se convertiría en una de las ofertas del sello de la empresa.

La compañía había desarrollado su propio enfoque para el proceso de compra, a través de la formación de sus compradores –llamados *Selectors* en la jerga de la empresa –. Estos estudiaban minuciosamente la demanda de almacenamiento y el volumen de ventas antes de hacer pedidos a los proveedores. Además, su control de calidad era legendario, con laboratorios propios y personal científico en nómina.

Gracias a Simon Marks, su empresa, Marks & Spencer, consiguió una relación especial de confianza con sus clientes, convirtiéndose en un fenómeno único donde todas las clases sociales compraban. Mucho se habló de que Marks & Spencer hizo más por el avance social en el consumo y bienestar de los británicos que el Marxismo –*marksismo* versus marxismo–.

Algunas citas

❶ **Precio**: «Me interesan todos aquellos productos que puedan venderse por un penique, a precio único y sin que pueda haber regateo».

❷ **Nuevo concepto de tienda**: «Mi viaje a Estados Unidos ha sido revelador: solo en tiendas grandes podemos realmente dar cabida a nuestro concepto. El *superstore* puede vender tres veces más, con el doble de espacio, que nuestras tiendas actuales y los gastos no crecen en la misma proporción».

❸ **Democratización de la moda**: «Queremos acercar la moda al común de la gente. Hace años se diferenciaba la clase social por la indumentaria. Hoy en día vendemos prendas en nuestras tiendas que hacen que sea difícil diferenciar un Lord de un empleado de banca».

❹ **Atención a empleados y proveedores**: «Nuestro deber es con nuestros empleados y nuestros proveedores. Son nuestra familia y no les podemos fallar. Queremos que los empleados tengan beneficios que les hagan sentirse bien; igualmente con los proveedores, queremos relaciones a largo plazo».

❺ **Apoyo a la industria nacional**: «Somos una empresa británica y queremos fomentar la producción nacional. Nuestro compromiso con que la mayoría de nuestros productos sean "Made in UK" es firme». [Este compromiso se abandonaría progresivamente a partir de finales de la década de 1990.]

12. Karl y Theo Albrecht: el secreto del *hard discount*

Los hermanos Karl y Theo Albrecht se criaron en circunstancias muy modestas: con un padre minero enfermo, tuvieron que trabajar en tiendas desde pequeños. Tras servir en la Segunda Guerra Mundial y volver a la Alemania devastada, comenzaron a pensar en crear su propia tienda de alimentación, basada en ofrecer una pequeña selección de productos con servicios reducidos, siempre al precio más bajo.

En diez años de existencia abrieron más de trescientas tiendas y decidieron dar un giro más moderno a sus tiendas, creando un nombre nuevo. Eligieron Aldi –una combinación de las dos primeras letras de Albrecht y Discount– y su primera tienda se abrió en Dortmund en 1962. Por la misma época, los hermanos decidieron separar la gestión de su imperio: Karl se hizo cargo de las tiendas del sur de Alemania (Aldi Süd) y Theo quedó a cargo de las tiendas del norte (Aldi Nord). Esta división se conserva para el resto de Europa.

Continuaron perfeccionando su fórmula: la gama de productos se mantiene al mínimo y los productos solo entran en el inventario si hay seguridad de una cifra mínima de ventas. Las tiendas operan con poco personal y se ahorra dinero en gastos como la decoración, publicidad, etc. Muchos artículos se venden directamente en los palets de carga y los ahorros conseguidos se transmiten a los clientes. Aldi también amplió su surtido con artículos no alimentarios, como el textil y el hogar. El gran éxito de Aldi en el mercado alemán condujo a una expansión en el extranjero.

Karl se retiró en la década de 1980, dejando la compañía en manos de profesionales y se cree que se dedica a cultivar orquídeas y le gusta jugar al golf en su propio campo de 27 hoyos, en Donaueschingen (Baviera). Theo, que se dice que coleccionaba viejas máquinas de escribir, fue gestor activo en la empresa hasta el año 2010, en que falleció.

Algunas citas (Karl Albrecht)

1. **El poder de la palabra**: «Cambia tus palabras y cambiarás tus pensamientos».

2. **Fijación de objetivos**: «Empieza con un ideal y conseguirás llegar a un acuerdo». (*deal* en inglés)

3. **Liderazgo**: «La vida humana típica parece ser muy planificada, dirigida, no vivida, no saboreada. Solo aquellos que

conscientemente piensen en la aventura de la vida como una cuestión de tomar decisiones entre las diferentes opciones, que las han encontrado por sí mismos, establecerán un verdadero autocontrol y podrán vivir sus vidas plenamente».

Las reglas del éxito de Aldi en palabras de los hermanos Albrecht, según Dieter Brandes en Aldi: *Bare Essentials*

- «Hazlo sencillo»
- «Intenta ganarte la confianza de tus clientes»
- «Fija metas claras y cúmplelas rigurosamente»
- «Mejora cada día en los detalles»
- «No optimices, maximiza»
- «Debes conocer tu situación financiera, pero no pierdas tiempo en presupuestos y números»
- «Prueba ahora, perfecciona después»
- «Sé justo con tus proveedores y ayúdales a mejorar su negocio»
- «Practica la dirección por confianza y control»
- «Utiliza un lenguaje que la gente pueda comprender»
- «Por mucho éxito que tengas, practica la frugalidad»

13. Terence Conran: democratizador del buen diseño

Terence Conran, como fundador de Habitat, es uno de los *retailers*, diseñadores y restauradores más influyentes del mundo. Nacido en 1931, Conran comenzó su práctica de diseño en 1956 con la gama de muebles de Summa y diseñó una tienda del icono de la moda del momento: Mary Quant. En 1964 abrió su propia tienda, Habitat, en el barrio londinense de Chelsea, que se convirtió en un gran éxito desde el principio al vender artículos para el hogar y muebles de diseño contemporáneo en un entorno de tienda totalmente innovador y a unos precios muy asequibles.

El lanzamiento fue todo un acontecimiento en un Reino Unido todavía sumido en la austeridad de la posguerra, al presentar una decoración contemporánea y artículos con diseños coloristas y divertidos, muy en la línea de lo que iba a representar la década de 1960. Su influencia en la decoración es equiparable a la que tuvo Marks & Spencer en el vestir de su época, igualando a las clases sociales, que se acercaban a Habitat en busca de sus diseños a precio asequible.

A mediados de la década de 1980, Conran tuvo la tentación de crear un grupo de *retail*, uniendo Habitat y Mothercare en el grupo Storehouse, pero en 1990 perdió el control de su empresa. Dado que lleva el *retail* y el diseño en la sangre, Conran empezó de nuevo creando The Conran Shop.

Terence Conran ha ideado también una gran cantidad de restaurantes en Londres, incluyendo Bibendum, Bluebird, Quaglino's, Mezzo, Pont de la Tour, Blueprint Cafe, Butler's Wharf, Chop House, etc. En 2005 fue nombrado el restaurador más influyente del Reino Unido.

Algunas citas

1. **La importancia del diseño**: «Quizás creer en un buen diseño es como creer en Dios: te hace optimista».

2. **Practicidad y satisfacción**: «Quedarse con algo que hemos comprado y no necesitamos, significa que no conseguiremos hacer buena la compra».

3. **Estética**: «Me gusta pensar que el 98% del diseño es sentido común. Lo que realmente lo hace interesante y lo convierte en un reto es el 2% restante, lo que se podría denominar la estética».

4. **Creatividad**: «En el pasado la creatividad ha sido apoyada de manera simbólica, porque se pensaba que en las naciones

progresistas se necesitaba un sector creativo. Ahora se considera uno de los grandes pilares de nuestro éxito económico».

5. **El valor de lo básico**: «En los años 70, cuando estaba ampliando la cadena Habitat, en plena crisis económica, empezamos una serie llamada Basics. Pensamos en aquello que era necesario en una casa desde una perspectiva de lo básico y necesario. En Japón, se vendió este grupo de producto en unas tiendas llamadas General que más tarde se convirtieron en Muji. Por lo tanto, como se ve, algunas de las mejores cosas se crean en tiempos difíciles. Probablemente estamos entrando en un momento en que las cosas más simples serán apreciadas. Las paredes de color rosa y los caros candelabros no encajan en todo esto. Creo que ya hemos tenido suficiente frivolidad por un tiempo».

14. André Essel y Max Théret: el concepto de tienda cultural moderna

Max Théret fue fundador, junto a André Essel, de la cadena de tiendas FNAC. Personaje fascinante, resume en sí mismo las paradojas y contradicciones del siglo XX. Su juventud es la de un militante antifascista comprometido hasta el tuétano. Miembro de la SFIO –el antecedente del Partido Socialista (PS) francés–, Théret llegó a ejercer de secretario del mismísimo Leon Trotski a principios de la década de los treinta.

Fue precisamente su ideología de izquierdas –socialista, que no comunista, como siempre quiso dejar claro– la que le llevó a crear en 1954 en su apartamento parisiense, y junto a su amigo Essel, un club de venta de material fotográfico dirigido a profesionales de la empresa. Sería el embrión de la FNAC (Fédération Nationale d'Achats des Cadres).

Eran los años del gran despegue económico de Europa y los dos amigos, con ideas muy progresistas para la época, comulgaban con el principio de que «la acción por el consumidor completa la acción política». Un principio que les llevó directos al éxito con su club de ventas. Pronto decidieron ampliar su oferta a los libros, en superficies comerciales cada vez mayores. En 1974 abrieron su primera librería en París, en la que ofrecían productos con importantes descuentos, respecto a los libreros tradicionales. Seis años más tarde la FNAC entró en bolsa y comenzó su expansión fuera de Francia.

Convertida en enseña cultural y centro agitador de ideas, la FNAC acabó siendo comprada en 1994 por el grupo de distribución de productos de lujo PPR, propietario entre otras marcas de Gucci e Yves Saint Laurent. Max Théret murió, casi centenario, en 2009. La FNAC emplea actualmente a cerca de 20 000 personas en una docena de países, y pese a que ha reorientado su actividad hacia la venta de artículos de electrónica, que suponen más del 60% de sus ingresos, por tan sólo el 18% para los libros, no ha podido escapar a la crisis. Sigue siendo, sin embargo, la joya de la corona del grupo PPR y en el ejercicio 2010 tuvo una cifra de negocios de 4473 millones de euros.

Algunas citas

1. **Mensajes claros**: « *Assez de prix gonflés*» –se acabaron los precios inflados– Este es el lema comercial ideado por Théret para dar a conocer la FNAC de manera clara.

2. **Especialización**: «Durante muchos años, la FNAC significaba fotos: cuando se hablaba de la FNAC, la gente pensaba inmediatamente en la compra de material para hacer fotos» - Max Théret.

3. **Precios bajos**: «Recuerdo un cliente que viene, mira todas las cámaras y dice de repente: "¡Tienen cámaras Leica! No me lo

puedo creer ¿Pero su precio es 20% menos que en otras tiendas?" Yo le dije: "Sí, esa es la lista de precios oficial y estos son los precios que hacemos con el 20% de descuento". El hombre sacó un puñado de dinero y dijo "Resérvemela. Voy a conseguir más dinero para pagarla y llevármela". En aquella época no se podía creer que tuviéramos precios tan baratos» - Max Théret

4. **Orientación al cliente**: «¿El libro es para los lectores o se hace para los libreros?» - André Essel, revelando su visión de lo que tenía que ser una librería cuando lanzan la línea de libros en la FNAC, en 1974.

5. **Gran despegue**: «Es cierto que los primeros años fueron extraordinarios. Seguimos una curva de progresión de ventas verdaderamente exponencial y nos faltaba espacio, personal, etc. para atender a la demanda. Era un caso único en Francia» - Max Théret

15. Charles Lazarus: Toys "R" Us, el primer *category killer* global

El fundador de Toys "R" Us, Charles Lazarus, nació justo encima de una tienda en Washington D.C., donde su padre reparaba y vendía bicicletas usadas. En 1948, después de una temporada en el ejército, Charles comenzó a vender muebles para bebés en la tienda de su padre, utilizando como capital semilla 5000 dólares de ahorros y un préstamo bancario. El momento era el adecuado: empezaba el *baby boom*.

A menudo, los clientes le preguntaban si vendía juguetes, así que amplió su surtido con juguetes y muñecos de peluche. En 1952 abrió un supermercado de los juguetes y muebles de bebé en Washington D.C. y cinco años más tarde probó a abrir un supermercado de juguetes de descuento en Rockville, Maryland, el primero en llevar el nombre Toys "R" Us.

En 1965 Lazarus operaba cuatro puntos de este tipo en el área de Washington D.C. y, al año siguiente, cuando los ingresos habían aumentado a doce millones de dólares, vendió una parte del negocio. A pesar de ello, siguió con el concepto de los juguetes a precio de descuento (Toys "R" Us), pues veía que el futuro estaba en vender grandes cantidades de un producto, en este caso los juguetes, al mejor precio posible para el cliente, aunque ello supusiera menos márgenes para el empresario.

En 1980, Toys "R" Us se había ganado una sólida reputación como *retailer* de gran eficiencia, con 101 tiendas en todo el país e inició su sólida expansión por medio mundo. Lazarus había creado el concepto de *category killer*. Esta idea consiste en tomar un tipo de producto y negociar grandes volúmenes de compra con los proveedores, de manera que se puedan poner los precios más bajos para los clientes. De esta manera, las tiendas tradicionales o los grandes almacenes no tienen nada que hacer ante una propuesta comercial tan letal. En el caso concreto de Toys "R" Us, muchas tiendas desaparecieron como consecuencia de su efecto sobre el mercado.

Algunas citas

1. **Definición del negocio**: «Es fácil explicar cómo entré en el negocio juguetero: Alguien entró en mi tienda de muebles para bebés y preguntó si teníamos juguetes».

2. **Escucha activa**: «Escuchar al cliente es probablemente la mejor cosa en el mundo. Casi todo lo que tenemos aquí y ahora, y cómo se expandió el negocio, vino de escuchar a los clientes diciendo "lo necesito" o "lo quiero"».

3. **Trabajo y obstinación**: «El trabajo duro es la clave del éxito, así que si estás dispuesto a trabajar con diligencia en cualquier proyecto que emprendas, renunciando a tu tiempo de ocio y trabajando pasadas las 5 de la tarde. y los fines de se-

mana, conseguirás el sueño que persigues. Además, es necesario tener fe en tí mismo. Si tienes una nueva idea y crees en ella, no permitas que otras personas te alejen de ella».

4. **El mejor precio posible**: «Mi negocio está en apuntar y disparar en un producto que conozco al 100% y conseguir la mayor oferta al menor precio y que los clientes salgan beneficiados».

5. **Modelo de negocio**: «Hay una grandísima oportunidad actualmente si alguien tiene dinero para comprar grandes cantidades de un producto para conseguir precios de coste imbatibles. Esto es lo que hago yo con los juguetes y se pueden buscar nichos de mercado en los que hacerlo».

16. Michael J. Cullen: El inventor del supermercado

Al igual que ocurre con los grandes almacenes, la invención del primer supermercado se la atribuyen diversos países: desde los americanos, a los franceses, los alemanes y hasta los rusos. En lo que coinciden todos es que el concepto de tienda de *libre servicio*, en el que se podía elegir lo que se compra sin tener interacción con un vendedor detrás de un mostrador, surge hacia los años de preguerra mundial, en la década de 1930.

Antes de la invención del supermercado, la compra de la mayoría de los alimentos suponía hacer varios viajes separados, a la carnicería, la panadería, etc. Los colmados o ultramarinos de la época tenían un mostrador y a él se dirigía el cliente para solicitar lo que necesitaba. Por otra parte, en el supermercado se generaron innovaciones como el código de barras, los alimentos congelados y los productos frescos todo el año.

En 1930, los estadounidenses gastaban un 21% de su ingreso disponible en comida. En 1940, ese porcentaje se redujo al 16%. Hoy en día, esa cifra es inferior al 6% –gracias a las mejoras en la distribución de alimentos, la comercialización en masa y la competencia de precios que comenzó en la década de 1930–.

Se atribuye a Michael J. Cullen la invención del supermercado. En 1930, Cullen, gerente de la sucursal de Kroger Grocery & Co., en Illinois, envió una carta a la sede de la empresa que describía una revolución en el comercio minorista de alimentos. Previó que las tiendas aumentarían su tamaño para operar en un mínimo del 80% en régimen de autoservicio.

Sugirió incluso los lugares donde deberían abrir los nuevos supermercados. Lo ideal era que estuvieran ubicados a tres manzanas del centro de las poblaciones, para reducir la sobrecarga y dar cabida a un espacio de *parking*. Cullen pronosticó que un mayor uso de la refrigeración del automóvil y del hogar permitiría que los clientes no tuvieran que ir todos los días a la carnicería, panadería, etc., y la compra se realizaría en viajes semanales al supermercado, donde todo puede ser comprado bajo un mismo techo.

Dado que Kroger no hizo caso a Cullen, este renunció a su cargo y el 4 de agosto de 1930 abrió el primer supermercado de la historia, King Kullen Grocery Co., en Queens, Nueva York. Su lema era: «King Kullen, el mayor destructor de precios», y atrajo a los consumidores que buscaban precios más baratos. Su otro lema, «compramos mucho y se lo vendemos barato» era simple y eficaz.

En dos años, Cullen estaba trabajando en ocho mercados y generaba millones de dólares en ventas. Cuando murió, en 1936, había 17 supermercados King Kullen que operaban en todo el Nordeste. Pronto fue copiado en el resto de Estados Unidos y en otros países.

Algunas citas

❶ **Cambio de paradigma en la sociedad**: «Las exigencias de la alimentación humana y las preferencias se han sometido a los cambios revolucionarios. El trabajador de la fábrica estadounidense ahora está mejor alimentado que los reyes del siglo XVIII».

❷ **Pronóstico de los nuevos hábitos**: «¿Puede usted imaginar cómo el público respondería a una tienda de este tipo?», Cullen escribió al vicepresidente de Kroger, la empresa en la que trabajaba. «Sería un motín. Tendría que llamar a la policía y dejar que el público entrara por turnos. Me gustaría que el público se dejara llevar por la oferta de un espacio limpio, donde pueda elegir lo que compra y pague el mínimo precio».

❸ **La libre elección**: «Mi gran descubrimiento fue que los clientes no dependieran de un empleado que en el mostrador iba ofreciendo lo que le recitaba el cliente. Yo quería un espacio de libertad para el cliente, que tome la decisión por sí mismo y que no tenga que ir con la lista de la compra».

❹ **Un gran escaparate**: «Con anterioridad al supermercado, los clientes tenían que volver a las tiendas porque se les había olvidado algo. El supermercado les ofrecía el producto a la vista, de manera que no tenían que pensar en listas de compra».

17. Charles Walgreen Jr.: creador de la gran cadena de megafarmacias

Charles Walgreen Jr., creador de la cadena de farmacias más famosa de Estados Unidos, murió en febrero de 2007, en su casa en Northfield (Illinois) a la edad de 100 años.

De niño, Charles *Chuck* Walgreen Jr. comenzó a hacer de recadero de la farmacia de su padre, en el South Side de Chicago. Walgreen Jr. reinventaría el papel de la farmacia, mediante la transformación de lo que era el pequeño negocio de barrio en lo que es el mayor operador de grandes superficies de farmacia de Estados Unidos.

Trabajó en todos los departamentos de la empresa de su padre: en la expansión de tiendas, personal, ventas, fabricación, compras e inmobiliario, antes de convertirse en vicepresidente en 1933, asistente ejecutivo de su padre en 1935 y presidente poco antes de la muerte de este, en 1939. Walgreen Jr ejerció como presidente de la compañía hasta 1963 y como presidente del Consejo desde 1963 hasta 1976.

Como farmacéutico de formación, su meta personal consistía en elevar el estatus profesional y las condiciones de trabajo de los farmacéuticos, es decir, la reducción de las horas de trabajo, de 66 semanales –la norma en el sector en 1939–, a 40.

En la década de 1950, Walgreen Jr. redefinió el negocio de las farmacia *over the counter* –sin receta médica–, y procedió a la conversión de Walgreens en grandes y modernos autoservicios. En la década de 1960 llevó a la empresa a nuevos mercados mediante la adquisición de pequeñas cadenas en todo el país y dio un paso más al abrir las tiendas en el tamaño más grande, con amplia oferta de farmacia, cosmética y productos para el hogar. Actualmente tiene más de 10 000 farmacias en los 50 estados de Estados Unidos y Puerto Rico.

Algunas citas

❶ **Puesta en valor del negocio**: «La farmacia es un negocio clave y me encontré con que no se le prestaba la atención debida».

❷ **Más que medicamentos**: «Aparte de las medicinas con receta, el mundo de la farmacia abarca cada vez más productos para mejorar nuestra vida. ¿Cómo a nadie se le había ocurrido crear un concepto de tienda abierto y luminoso donde, en régimen de autoservicio y sin que molestemos a los clientes, puedan elegir lo que quieran?»

3. **Comodidad y servicio**: «Para que nuestras tiendas funcionen tenemos que ir a tamaños cada vez más grandes, con suficientes plazas de *parking* para los clientes. Las tiendas pequeñas no invitan a entrar y acaban cerrando por falta de rentabilidad».

4. **Orientados a la comunidad**: «Es muy importante que nuestras empleados estén introducidos en las comunidades de las poblaciones y barrios donde estamos abriendo tiendas. Se trata del bienestar y de la salud de nuestros clientes y para que confíen en nosotros es fundamental que nos conozcan bien».

5. **Ubicación de los nuevos puntos de venta**: «En la América suburbana nuestras tiendas necesitan suficientes plazas de *parking* para que haya flujo de clientes. Cuando planificamos una nueva ubicación buscamos el flujo de vehículos y vemos cómo canalizarlos hacia nuestras tiendas. Después vemos el número de plazas de *parking* necesarias para nuestros clientes».

18. Julián Imaz: el *low cost* español de la escuela Inditex

Julián Imaz, originario de Zaragoza, no había tenido ninguna relación con el sector textil antes de desplazarse a Mataró (Barcelona), una de las cunas del textil español, donde encargó unas sudaderas para una discoteca. Empezó a comprar y vender sudaderas, luego chándales, y de los chándales pasó a las camisetas. Montó su propia fábrica y, tras varios problemas, aprendió que tenía que limitarse a unir y coordinar todas las partes del proceso productivo, evitando internalizarlas, pues fabricar tenía riesgos para lo que pretendía hacer.

Un buen día, tuvo la fortuna de conocer Amancio Ortega, que apostaba por una estrategia de integración vertical. Inditex desarrollaba internamente todos los eslabones de la cadena de valor textil, de la fabricación a la distribución. Imaz se lanzó a ofrecer sus camisetas a Inditex y su empresa fue creciendo, centrando toda su actividad en su único cliente.

Otro momento que marcaría la trayectoria empresarial de Julián Imaz llegó en 1996. Ortega le llamó a A Coruña para proponerle crear, lanzar y dirigir la primera cadena de moda joven de Inditex, que abriría sus primeras tiendas en 1998. Tras el lanzamiento, dejó las tareas directivas de Bershka para continuar como proveedor de Inditex mediante Comdipunt. Llegó a fabricar más de cincuentaicinco millones de prendas anuales.

Entretanto, creó en 2006 una cadena llamada Friday's Project, dirigida al público joven, con marcas italianas y algunos productos propios, con un nivel de precio medio-alto, para no hacer competencia a Bershka de Inditex.

A principios de 2010 le ofrecieron un local óptimo para abrir un Friday's en el Portal de l'Àngel, la calle más cara de Barcelona. Sabía que no era un concepto fuerte para los tiempos que se estaban viviendo y optó por lanzar un concepto diferencial: quería ofrecer moda joven a un precio irresistible y con mucho *marketing* alrededor (*visual merchandising*, escaparates cuidados, uso masivo de Facebook, etc.). Con sus conocimientos del mercado joven y experiencia de *cocina* como proveedor de Inditex, tenía todas las bazas para lanzar un concepto que enganchara, siempre que mantuviera su enfoque al bajo precio, para evitar un enfrentamiento con las cadenas consolidadas. El proyecto se llama Shana.

Algunas citas

1. **La gestión de la cadena de suministro**: «Las cadenas, sobre todo Zara, han cambiado radicalmente las reglas del aprovisionamiento. Esta ha sido la verdadera revolución del sector: la industrial. Hay una primera "revolución comer-

cial", liderada por El Corte Inglés y secundada por Zara y los centros comerciales, pero la "revolución industrial", la generó Inditex».

❷ **Estrategia en diseño**: «La revolución de Benetton, en la década de 1980, fue la más limpia. Ojalá todas las revoluciones fueran como la de Benetton, porque fue una revolución basada en el color, no en estrategias económicas de ubicación en la calle o de los precios. Se basaron, dentro del mundo del diseño, en el tratamiento del color».

❸ **La reinvención de las marcas**: «El modelo de aprovisionamiento de Benetton es perfecto, igual que su logística. El problema es que ahora se tienen que reinventar, porque el modelo que funcionó antes ya no encaja. Recuerdo una conversación con Luciano Benetton en la que me preguntó que por qué creía que ya no vendían tantos polos como antes. Mi respuesta fue que estaban demasiado bien hechos y que ahora están de moda los polos de Abercrombie & Fitch y otros [se venden con *rotos*]. Se ha incorporado al polo la filosofía del *denim*. Benetton se ha quedado fuera de este movimiento y se tiene que reinventar. Pero ahora es muy difícil encontrar un hueco en el mercado; somos muchos, demasiados».

❹ **Las tendencias**: «La moda lleva unos años completamente parada, repetitiva, sin ideas, nadie sorprende ya a nadie, todos hacemos lo mismo... ¡Llevamos seis años con el estampado de leopardo! Por otro lado, con este sistema harían falta grandes corrientes, pero ahora no existen, porque los jóvenes no están para eso: no hay un movimiento *hippie*, no hay un movimiento *punk*, no hay una Madonna de turno... No surgen movimientos que hagan que de repente se vendan los pantalones campana. Nosotros estamos muy en contacto con la gente joven y el problema que vemos es que están resignados».

5 **El papel del *marketing***: «El futuro del negocio está basado en el *marketing*. Ganarán los que lo manejen mejor. El producto, salvo que entremos en la dinámica de nuevos valores –que en cierto modo también es *marketing*–, será impulsado por el *marketing* y la comunicación. El producto, el precio o la atención al cliente son relativos. La moda hoy en día es *marketing* en estado puro».

6 **La gestión de *stocks***: «Al final, el negocio tiene que estar en el *marketing*, en vender algo, y en rentabilizarlo. Y para ello la clave está en el aprovisionamiento. Eso sí que lo tengo muy claro. Porque el aprovisionamiento te permite optimizar tus recursos, sean muchos, pocos, con nivel alto o bajo. Tú tienes un volumen X, gracias al *marketing*, y gestionando la cadena de suministro ganas dinero. Y con el control de costes, claro, pero eso lo hace cualquier financiero. Hacer la cuenta de explotación ahora, desde cero, no es lo mismo que remodelar una que ya tengas, como decíamos antes. Pero donde te juegas el beneficio es en el aprovisionamiento: en lo que te sobra y en lo que dejas de vender. No concibo un sistema moderno de distribución sin un buen control del aprovisionamiento. Por eso es muy difícil que surjan cadenas nuevas ahora: yo soy el último, de momento...».

7 **La hegemonía de las cadenas**: «Hoy en día ya no se puede montar una tienda, tiene que ser una cadena. Y una cadena de locales grandes, porque la gente no quiere entrar en locales pequeños, basada en el *marketing* y la comunicación. Eso vale dinero. Además es necesario un aprovisionamiento, y una logística... Es muy difícil que surjan nuevas cadenas, a menos que las lance un grupo. Uno puede montar una tienda, pero ahora es necesario que tengas un producto único».

8 **Liderazgo**: «De momento, de pizarra financiera, de escuela de negocios, no ha surgido ninguna cadena. Ha habido fon-

dos que lo han intentado y no ha funcionado. Las empresas de moda no se pueden hacer solo con dinero: detrás de estas compañías siempre hay un empresario con la idea. La moda tiene mucho de cocina, no lo pueden hacer los financieros. Al final, las empresas de moda necesitan un líder que escriba la ópera. Puedes contratar un chelo, un violín... pero hace falta alguien que se siente al piano a las tres de la mañana y componga algo que suene bien».

9 **La creatividad en el proyecto**: «En la moda hay una parte artística, es la chispa que le da forma y sentido a la historia. Todas las cadenas tienen el sello de su fundador. Desigual tiene un sello, Zara, Mango, etc. Una vez has creado una, puedes crear cuarenta más, pero hace falta la chispa. ¿Se puede contratar al compositor? Sí, por supuesto; de hecho es lo que hacen los grupos cuando quieren crear una cadena nueva. En la moda hace falta una mano, como en la cocina, que se queda en la compañía: se coge una manera de tratar las prendas que es la chispa del fundador. Muchas de las cadenas, al principio, solo las entiende quien las hace y si no fuera así, muchas no saldrían adelante porque el financiero las tumbaría. Por eso mismo decía antes que cerrarán cadenas, porque en un momento como este hay que hacer movimientos firmes, que lo mismo salen bien como salen mal».

10 **Cambio de paradigma del negocio**: «La estructura vertical ya no tiene sentido. El secreto está en el conocimiento, en saber dónde externalizar, pero con control. Parecía impensable. La estructura vertical era uno de los trucos de Inditex: el pronto moda exigía velocidad e Inditex tuvo que generar su propia logística, pero hoy ya existen operadores especializados en ello. La logística incluso tendría que hacer más cosas. Por ejemplo, comprar, pero a los proveedores integrados».

19. Howard Schultz: creador del *tercer espacio*

Tras terminar sus estudios universitarios, Howard Schultz comenzó su carrera profesional como becario en el departamento de ventas de Xerox. Más tarde se incorporó a Hammarsplast, una empresa que fabrica componentes de plástico, subsidiaria de la sueca Perstorp. En esta empresa llegaría a ocupar el puesto de vicepresidente.

Starbucks ya había sido creada en 1971, en el histórico mercado de Pike Place de Seattle (Washington), como una pequeña tienda de venta de cafés de importación, un negocio muy difícil en un país poco acostumbrado al consumo de este producto.

En 1982 Howard Schultz se incorporó a la empresa como director de *marketing*, y ese mismo año, durante un viaje a Italia, descubrió la calidad de sus *espressos* y, sobre todo, el entramado cultural que, con varios siglos de historia, rodeaba el consumo del café en el Viejo Continente. Su idea fue reproducirlo en Estados Unidos, aunque su propuesta no convenció a sus superiores. Finalmente, en 1987 consiguió varios inversores para comprar la compañía por 3,8 millones de dólares.

Transformando radicalmente la tienda de Seattle, Schultz sentó entonces las bases de lo que muy pronto se convertiría en todo un imperio. En primer lugar, incorporó una serie de productos más al gusto de la tradición europea (*cappuccinos*, mocas, *lattes*, *macchiatos*). Después, apostó por dotar al local de una identidad propia. Se concibió un interior que cautivara al público por su proximidad y su sensación de segundo hogar.

En Estados Unidos se habló inmediatamente de que Starbucks había creado un *tercer espacio*, a medio camino entre el trabajo y la casa, donde quedar con los amigos, estudiar o simplemente descansar escuchando música. La decoración, el mobiliario, el color, incluso la música, tenían la función de hacer de una simple cafetería un lugar en que la gente se sintiera como en casa. Además de inventar un espacio en el que los clientes se sintieran como en casa y volvieran con asiduidad, consiguió que los americanos consumieran café *on the go*, es decir, sobre la marcha. Las ventas de café para consumir fuera de la cafetería alcanzaron un porcentaje muy alto.

Seattle, una ciudad moderna y abierta al mundo, aceptó rápidamente la idea impulsada por Schultz, que muy pronto empezó a expandir con éxito el negocio por varias ciudades del país. La primera cafetería Starbucks fuera de Estados Unidos abriría sus puertas en Tokio, en 1996. A partir de ahí se abrieron cafeterías en medio mundo. Tras una expansión acelerada, en la que Starbucks llegó a simbolizar la globalización del café, y sus tiendas perdieron la frescura del origen, Howard Schultz decidió volver a tomar las riendas del día a día de la empresa, y relanzar Starbucks.

Algunas citas

❶ **Creación de un nuevo espacio**: «Tras mi primer viaje a Italia, mi conclusión fue que no solo serviríamos cafés, sino que crearíamos un ambiente en el que la intimidad de la relación con el espacio y la experiencia del café pudiera cobrar vida».

❷ **Punto de encuentro**: «Lo que Starbucks ha creado en torno al café es una extensión del porche que muchas casas americanas tienen. Si nos fijamos en el Reino Unido, el pub inglés es una extensión de la casa, pero para una bebida diferente, la cerveza. Nuestras tiendas se han convertido en un lugar de encuentro y reunión, además del café».

❸ **Lugar de socialización**: «Aunque, en el fondo, somos una empresa de café, Starbucks ofrece mucho más que la mejor taza de café. Ofrece un lugar de encuentro comunitario, donde la gente se reúne para conectarse y descubrir cosas nuevas».

4. **Calidad en todos los sentidos**: «Fortalecemos el valor de la compra de un producto en Starbucks por nuestra calidad sin concesiones y por la construcción de una relación personal con cada cliente».

5. **Amor por el producto**: «Starbucks está reavivando el idilio de los americanos con el café, con el mejor producto que pueda aportar a esa bebida».

6. **Marketing emocional**: «Creíamos en una fase muy temprana del negocio que la interacción de la gente con la experiencia de Starbucks iba a determinar el éxito de la marca».

7. **Un proyecto inimitable**: «No tenemos ninguna patente sobre todo lo que hacemos y todo lo que hacemos puede ser utilizado por cualquier otro. Pero no se puede copiar el corazón y el alma y la conciencia de la compañía».

8. **Transmisión de valores a través de la marca**: «Nos fijamos en la marca, no solo como un elemento de publicidad, sino que todo lo que hacemos comunica lo que es Starbucks. El lugar, el entorno físico, realmente se ha convertido en una extensión de la marca, clave para el éxito de la compañía».

9. **Fidelización de la experiencia**: «El sabor de nuestro café ha creado realmente una experiencia de calidad con la que hemos sido capaces de convencer a la gente en los últimos 20 años, y sigue siendo una muy buena relación, a pesar de que es más caro que el café tradicional que se puede encontrar en un restaurante».

10. **El café como eje central**: «El café siempre será el corazón de todo lo que hacemos. Muchas empresas han cometido errores por no centrarse en lo que saben hacer bien y creer todo

lo que dice su propio departamento de prensa. Ese no va a ser nuestro caso».

20. Juan Roig: el creador del sistema de interproveedores

Juan Roig pertenece a una importante familia valenciana de tradición empresarial que fundaron sus padres, Francisco Roig y Trinidad Alfonso. Su padre regentaba la sociedad Cárnicas Roig, ubicada en la localidad valenciana de La Pobla de Farnals, donde, desde muy joven, Juan se familiarizó con las claves del negocio de la alimentación. En 1977 sus padres decidieron transformar sus carnicerías en tiendas de ultramarinos, germen de la actual cadena de distribución Mercadona, que Juan Roig dirige en la actualidad.

La experiencia adquirida en el negocio familiar y su voluntad de emprender un negocio le animaron, cuando ya se había licenciado en Económicas por la Universidad de Valencia, a adquirir Mercadona a su padre. En la operación también participaron su esposa Hortensia y sus hermanos Fernando, Trinidad y Amparo, pero fue Juan quien asumió la dirección de la empresa. En ese momento Mercadona inició su actividad independiente con ocho tiendas de aproximadamente 300 metros cuadrados.

En 1990, Juan Roig y su esposa, Hortensia Herrero, pasaron a ostentar la mayoría del capital de la compañía y a seguir por aquel camino iniciado, con su particular filosofía empresarial, cuya máxima es invertir los beneficios en la ampliación y expansión de la empresa, y que convirtió a Mercadona en una referencia obligada dentro del sector de la distribución en España y en el extranjero, donde su modelo de negocio es objeto de estudio en escuelas de negocios tan prestigiosas como Harvard.

Algunas citas

1. **La familia**: «Mis cuatro hijas tienen las mismas oportunidades que los 61 000 empleados de Mercadona para dirigir la empresa, ya que la propiedad se hereda, pero el puesto de trabajo no».

2. **El valor del precio**: «A los pobres les gusta comprar barato y a los ricos, ahorrar cuando compran».

3. **Cambio continuo**: «No hay mercados maduros, sino números caducos».

4. **La cultura del esfuerzo**: «En Mercadona apostamos por mantener el nivel de vida, aumentando la productividad a través de la cultura del esfuerzo y del trabajo».

5. **Control de los recursos**: «Si te crees que todo es gratis, la gente derrocha».

6. **Mejora continua**: «Hemos tenido un año 2011 muy satisfactorio, estamos muy contentos, pero tenemos muchos puntos de mejora, creemos que Mercadona se puede mejorar un 70%».

7. **Observación de los competidores y mejora**: «Hay un gran comercio en España con gente muy admirable que son los bazares chinos. Una de las grandes cosas que descubrimos es que estos productos [cubos y barreños] en los bazares chinos se vendían a la mitad de precio que en Mercadona. Cada vez hay más bazares chinos porque hacen la cultura del esfuerzo que nosotros no hacemos. En España ya hay 7000 bazares chinos que nos causan una gran admiración y estamos aprendiendo de ellos. (...) En este producto hemos hecho reingeniería y hemos bajado los precios a la mitad».

8. **Conservación del equipo**: «El 5% del total de nuestros empleados han abandonado la compañía y dentro de nuestro modelo de calidad total no es una cosa para sentirnos orgu-

llosos. Estamos diseñando planes y en 2015 nadie se irá de Mercadona o muy poca gente se irá de Mercadona. Todos los miembros del comité estamos comprometidos con ese objetivo».

9 **Absentismo laboral**: «Nuestro absentismo es una cifra espectacular. Tenemos un 0,78% y en España está en el 6%. Los españoles tiramos a la basura al año 18 000 millones de euros en absentismo, de personas que no van a trabajar pudiendo ir, eso es más del 1,5% del PIB español que tiramos por la alcantarilla».

10 **Respeto por el entorno**: «Hemos llegado a cerrar tiendas que eran muy rentables para el capital pero eran muy molestas con los vecinos».

11 **Transparencia**: «Nos creíamos que las bolsas te las regalaban, eso es mentira. No se cobraban directamente, pero las bolsas las pagaban unos por otros. Las estábamos cobrando de forma directa o indirecta».

12 **Orientación al cliente**: «En Mercadona la mejor tecnología es escuchar mucho al cliente, hablar mucho con él».

13 **El modelo Mercadona**: «Si nos vamos a Bélgica seremos belgas y si nos vamos a Francia seremos franceses, pero implantando el modelo de Mercadona».

14 **Prudencia empresarial**: «Vamos a reducir a la mitad el beneficio neto, porque en momentos como este [la crisis que comenzó en 2007] más importante que ganar es mantenerse».

15 **Cambio de paradigma económico**: «Comparamos la crisis con la Tercera Guerra Mundial, pero sin balas. Hemos pasado de la abundancia a la escasez, y los que no se adapten no sobrevivirán».

⑯ **El peligro de la autocomplacencia**: «La semilla del fracaso está en el éxito. Si te lo crees, eres más destructible».

⑰ **Economía productiva**: «Tenemos que pasar de la cultura del maná a la cultura del esfuerzo y el trabajo. Hemos creado un entorno sobreprotegido y poco productivo».

Tres casos de éxito

Vamos a ver a continuación los casos de tres empresas de *retail* que han sabido tener un modelo de negocio realmente diferenciado, que les ha permitido crear una ventaja competitiva exitosa más allá de sus fronteras:

- **Abercrombie & Fitch**, que ha reinventado las reglas del *retail* con un modelo de negocio basado en el *retail ritual* (música a gran volumen, tienda oscura, vendedores-modelos, marca muy deseada, etc.).
- **Zara**, ejemplo de cómo dar la vuelta a la sabiduría convencional, creando un concepto verdaderamente diferencial e internacionalizando un negocio textil de éxito.
- **Camper**, y el cambio de cultura de *wholesale* a *retail* para mantener y reforzar su posición en el mercado.

Abercrombie & Fitch

Cuando el día 29 de octubre de 2009 abrió la tienda *flagship* –insignia– de Milán en el imponente Palazzo Ferrania, situado en el elegante Corso Matteotti, edificio obra del famoso arquitecto Gio Ponti de 1939, que albergó durante muchos años a la sucursal milanesa de la FIAT y luego a un banco, Mike Jeffries pensó que había llegado el momento de llevar el concepto de Abercrombie & Fitch a una nueva dimensión.

El proyecto de la tienda fue de una gran complejidad, superando, si cabe a las de las *flagship* de Nueva York de la 5ª Avenida y la de Londres (Savile Row), abiertas respectivamente en 2005 y 2008. El palacio milanés, extendido sobre cuatro plantas, tenía techos altos y el estilo *mussoliniano* de la época, y gustó a Jeffries tan pronto como tuvo conocimiento detallado del local.

Los primeros días de la apertura de la tienda de Milán fueron increíblemente exitosos. Superaron con mucho sus previsiones de venta. Experimentaban de primera mano el contacto con el cliente italiano, tan omnipresente en sus tiendas de Estados Unidos y Reino Unido. «Si triunfamos en un mercado tan competitivo como el italiano, donde tanto hombres como mujeres se preocupan tanto por la imagen y las marcas, triunfaremos en cualquier otro mercado europeo», pensaron en la sede central de la empresa en New Albany, Ohio (EE.UU.)

Un proyecto así de costoso, en la capital de la moda italiana, debía rendir lo suficiente como para pagar la inversión y ser rentable. Abercrombie & Fitch no quería abrir tiendas *flagship* con el concepto que tienen tantas marcas de lujo, donde prima la imagen que da la tienda y en la cuenta de resultados se añaden como *ventas* las generadas en otras líneas de producto por ese *efecto imagen* del país. Tampoco entra en la política de Abercrombie & Fitch considerar a las *flagship* como dentro del presupuesto de *marketing* en el país. Al no haber venta a multimarcas, ni múltiples licencias para fabricar productos con su marca (perfumes, gafas, etc.), toda la apuesta se reduce al *retail* y, por tanto, tiene que ser rentable.

Los datos de clientes italianos en sus tiendas internacionales y las ventas a través de su e-shop, junto con el éxito de los primeros días, confirmaban el ambicioso presupuesto de ventas que se había elaborado para la tienda de Milán.

Mike Jeffries sabía, además, que su internacionalización –que había empezado realmente con sus tiendas canadienses en 2006– era un camino que exigiría grandes cambios en su organización, y a la vez le reportaría grandes ventajas. Sus competidores directos en Estados Unidos –empresas como American Eagle Outfitters o Aéropostale– no tenían presencia significativa exterior. Para Jeffries, una Abercrombie & Fitch global contribuiría a reforzar su modelo de negocio. Pero, ¿estarían dispuestos los de la Central a adaptar su concepto y colecciones a los nuevos mercados? ¿qué era parte integral del concepto de A&F y qué se podía flexibilizar?

Algunos profesionales de la moda y del *retail* de gran experiencia en el mercado italiano no ocultaban su escepticismo ante el éxito de una tienda así, con un alto componente de productos básicos, en la capital de la moda italiana. Alguien afirmó: «Sentí lo mismo que cuando Starbucks abrió su primer café en frente de la Ópera de Viena, ¿qué tienen que enseñar los americanos de café a los inventores de la "cultura del café", los vieneses?». Otros críticos comentaban que tampoco tenía sentido una tienda tan grande para un producto tan básico y de una sola marca: «En cuanto todos los italianos que compren tengan varias prendas con la marca Abercrombie & Fitch en sus armarios pasará el efecto. ¿Dónde está la novedad?, se preguntarán. ¡Si hasta el más modesto italiano tiene camisetas Abercrombie! Entonces, su *target* natural se pasará a la siguiente marca *cool* del momento o a lo que esté de moda».

El proyecto de Tokio

El otro gran mercado de la moda y del *retail* donde Mike Jeffries puso sus ojos fue Japón. Sus equipos comerciales le decían que los clientes japoneses eran ávidos compradores en las tiendas de A&F de Hawaii y otros estados. Había incluso un *mercado paralelo* de productos A&F en Tokio, donde se vendían algunos de sus productos a precios desorbitados. Por otro lado, Tokio interesaba mucho por el *efecto escaparate* que ejerce sobre el resto de Asia. Esa ciudad sigue siendo la capital de referencia para profesionales del *retail* y de la moda de aquella parte de Asia, que acuden a Japón para hacer compras en *showrooms* regionales o simplemente para inspirarse y copiar ideas.

Se había conseguido abrir la tienda de Tokio con once pisos, en el barrio de Ginza, a pocos pasos de la tienda insignia de Uniqlo y el gigante H&M, y muy cerca de la tienda de Prada y la de Salvatore Ferragamo.

La tienda, vertical como casi todas las de Japón –debido al altísimo coste del metro cuadrado–, tenía unos 1000 m^2 pero el ascensor solo llegaba hasta la 7ª planta. Para las otras cuatro había que subir escaleras. «Los clientes japoneses están acostumbrados a subir escaleras en tiendas de muchas plantas», le dijeron a Jeffries sus consejeros japoneses.

El éxito de los primeros días confirmó los planes de la empresa de abrir tiendas en Tokio –áreas de Omotesando, Shibuya, etc.– además de en las principales ciudades como Osaka, Fukuoka, Nagoya o Kobe. No solo de Abercrombie & Fitch. Habría sitio para otras marcas de precio más bajo como HOLLISTER. Una vez probado el éxito, había que apretar el acelerador.

Al igual que con todas las aperturas de nuevas tiendas en Tokio, el primer día de ventas hubo largas colas de clientes y negocio récord. Se rumoreaba que las ventas ascendieron a 50 millones de yenes –cerca de 450 000 euros– en un solo día. Varios días así, y con las ventas pagarían el altísimo alquiler anual del local.

El momento, sin embargo, no era el más propicio. Japón vivía en medio de un auge de la moda de bajo precio. Con la crisis, los japoneses se estaban lanzando a las tiendas de las recién entradas H&M y Forever 21, y de las ya conocidas Zara y Uniqlo. Tradicionalmente, en Japón, las llamadas *office ladies* –mujeres solteras que trabajan, viven en casa con sus padres hasta casi los cuarenta años y dedican todo lo que ganan a moda– y una parte de los *salary men* –su equivalente masculino–, habían sido motores durante años de las ventas de las principales marcas internacionales.

Sin embargo, los tiempos estaban cambiando. La crisis económica que Japón arrastraba durante años estaba llevando a que las *office ladies* y *salary men* temieran perder su trabajo y descubrieran otra forma de vestir: combinar accesorios de marca con ropa menos cara de cadenas como Zara, H&M, Uniqlo o incluso Forever21.

A pesar de esta búsqueda de precios bajos por parte de los clientes japoneses, Abercrombie & Fitch tomó finalmente la decisión de cobrar a los consumidores japoneses casi el doble de los precios estadounidenses. En las reuniones en las que se trató el *pricing* de Japón, los responsables del departamento financiero señalaron que el alto nivel del yen, en relación al dólar, permitía empezar con precios más *fáciles*. A esta opinión se unían los departamentos de producto y de tiendas, que en sus innumerables visitas habían observado el cambio que se estaba produciendo en el mercado de la moda japonés, y se quedaban horrorizados al ver tantísimas bolsas amarillas de Forever 21 en las calles. «Para subir precio, siempre tenemos tiempo. Bajarlos, una vez que hemos asustado a los clientes con precios muy altos, será más complicado», decía un veterano de A&F en las oficinas comerciales de New Albany (Ohio). Predominó, no obstante, la opinión de que los altos márgenes eran habituales en otras marcas de lujo en Japón y que sus clientes se lo podían permitir.

En una encuesta de un primer día a los compradores que hizo Diario *Nikkei Marketing Journal*, el 61,7 por ciento de las personas pensaban que los precios eran «un poco altos», mientras que 18,3 por ciento declaró que eran «demasiado altos». Menos de un 20 por ciento de los consumidores creía que los precios eran correctos.

El mismo artículo señalaba que los *retailers* estadounidenses ganaban amplios márgenes mediante el establecimiento de precios más altos en Japón. Sin embargo, la delicada situación económica y la gran cantidad de marcas en el mercado, hacía que muchos consumidores japoneses simplemente no aceptaran precios altos.

Por otra parte, las compañías de ropa más multinacionales habían encontrado el éxito en Japón trabajando con socios locales –mediante *Joint Venture* u otras formas–, para adaptar sus mensajes, comunicaciones e imagen de marca y así adaptarse al difícil mercado japonés. Por el contrario, Abercrombie & Fitch había optado por su política habitual de entrada a cada nuevo país: crear una filial 100% propiedad de la casa madre, sin socio local y con un mensaje comercial 100% americano.

En el ámbito de los recursos humanos, la mayoría de los minoristas extranjeros en Tokio emplea un personal exclusivamente japonés, que se comporta de acuerdo a las expectativas de los consumidores japoneses. En cambio, Abercrombie & Fitch decidió hacer la experiencia de marca tan americana que casi ninguno de los vendedores o asistentes tiene apariencia japonesa.

Sorprendentemente, el personal da la bienvenida a los compradores en inglés, en lugar de en japonés. De hecho, lo mejor que un consumidor japonés puede esperar es que le atienda un *sijo kikoku* –un japonés retornado del extranjero–, que al menos pueda hablar el idioma local. Aunque la mayoría de los compradores de Tokio están acostumbrados a comprar en conceptos de tiendas internacionales, no quieren verse obligados en su país a escuchar o tener que contestar en un idioma que no controlan.

Además, el personal tampoco sigue los protocolos ampliamente reconocidos de la cortesía japonesa. Son ruidosos, y muchos cantan y bailan con las canciones que suenan en la tienda, haciendo que el espacio relativamente estrecho de ventas se sienta aún más claustrofóbico para los consumidores.

Para empeorar las cosas, muchos de los miembros del personal masculino mostraban su pecho al descubierto. El atractivo sexual puede ser una gran parte del encanto de la marca en los Estados Unidos, pero este ideal masculino que «muestra el pecho» está completamente fuera de sintonía en la cultura de la moda japonesa. La presencia constante de hombres semidesnudos es desagradable para el cliente japonés.

Al igual que en sus tiendas de Estados Unidos, el buque insignia de Abercrombie & Fitch, Ginza, también huele a colonia fuerte de *estilo americano*. La cultura japonesa rechaza los perfumes fuertes y prefiere los sutiles. De hecho, en 2005, el crítico de perfumes Chandler Burr señalaba, en un artículo de la revista dominical del New York Times, la aversión japonesa a las colonias fuertes y los perfumes. Sin embargo, A&F pulveriza su colonia a través del sistema de aire acondicionado de una manera que impregna toda la experiencia de compra –y todo lo que se lleva en el momento huele días después–. Además, un mínimo de dos veces al día, los empleados pulverizan la ropa con los perfumes. Por supuesto que muchas marcas japonesas tuvieron éxito al incorporar olor en su experiencia de *retail*, pero la sutileza era la clave. En su opinión, el olor no debe impregnar al cliente.

Pero no todo se detiene aquí, hay otros problemas prácticos también. Los visitantes de la tienda A&F de Ginza se quejaron, en reportajes de televisión, que no podían juzgar adecuadamente el color de determinados productos al ser la iluminación muy tenue en toda la tienda, y que aunque el punto de venta esté diseñado para sentirse como en una discoteca neoyorquina de los años 90, ello no debería suponer una merma en la experiencia de compra.

Por último, un aspecto muy determinante en el contexto japonés es que A&F ofrece opciones de vestimenta muy marcadas, que no facilitan la integración de la marca en el estilo de vida del país. Dicho de otra manera, la ropa que expresa «a gritos» la marca, con las letras A&F en grande, desentona en un momento en que los consumidores japoneses están evolucionando hacia un estilo más sutil en sus marcas de ropa.

Un factor que ha beneficiado –y lo sigue haciendo– es el *revival* de la ropa tipo *preppie* –inspirada en los colleges americanos– en Japón y todo el mundo. En la medida en que una parte de la colección de Abercrombie & Fitch se adapte a estos estilos tipo Ivy League –competición deportiva que comprende algunas universidades norteamericanas–, atraerá a un tipo de público. Sin embargo, incluso en mercados como el japonés, que muestra esa admiración por el estilo genuino de las universidades norteamericanas, esta moda puede pasar.

Siempre que se hablaba con Mike Jeffries de los aspectos arriba mencionados, dejaba muy claro su mensaje: A&F tiene un modelo diferenciado y ha sido la razón del éxito, generado en su mercado nacional en los últimos quince años. El producto de básicos *preppie*, las técnicas de presentación de la mercancía, la oscuridad, la música, la arquitectura con murales y sin escaparates, el fuerte perfume que se respira desde fuera de la tienda, el personal de la tienda *All American* y tan poco local, o la nula adaptación a fórmulas de cortesía locales.

Un veterano comercial de la sede de Abercrombie & Fitch lo expresaba así: «Si los clientes japoneses compran a mansalva en nuestras tiendas de Hawaii y no les molesta el estilo desenfadado de dirigirnos a ellos, el fuerte perfume, la música ensordecedora, etc., ¿por qué habría de ser diferente en Tokio?»

Otros expertos en llevar marcas internacionales a Japón consideraban que, salvaguardando la integridad del concepto, se debía tener en cuenta la especificidad de un mercado así y evitar los extremos de la arrogancia y de la ignorancia.

Mike Jeffries y la creación de Abercrombie & Fitch 2.0: el *retail tribal*

Desde que Leslie Wexner –propietario de la empresa The Limited– lo ficha en 1992 para dirigir el proyecto de Abercrombie and Fitch, Jeffries se da cuenta de que en un mercado como el norteamericano, donde hay mucha competencia en el mercado de los básicos –en todos los rangos de precio y calidad– y donde entrar en el mercado de la moda es demasiado arriesgado, había que crear algo realmente diferente.

Mike Jeffries aprecia que hay una tendencia emergente en la moda juvenil en el mercado americano –y en todo el mundo–. La *generación MTV* ha hecho que los jóvenes estén cada vez más unidos en todo el mundo, en sus gustos por la música y por una forma de vivir y de vestir cada vez más parecida. Jeffries consideraba que esta nueva juventud estaba más desinhibida al hablar de sexo, que lo veía más natural, y apelaba de una manera clara a este elemento para diferenciar claramente Abercrombie & Fitch de su competencia.

Los ejecutivos de la empresa The Limited asistían incrédulos a las presentaciones que Jeffries y su equipo hacían del nuevo concepto. No entendían la conexión de las tiendas decoradas como «refugios de caza» –todavía inspiradas en la imagen tradicional de Abercrombie & Fitch– con el sexo. Para Mike Jeffries la clave del relanzamiento de la marca era que todo «rebosara de sexo» –*sizzle with sex*–. Según bromeaba, cuando fue reclutado se dio cuenta que la Abercrombie & Fitch de entonces tenía un cliente *target* «de 90 años y hasta que muere». Era una exageración, pero sí, el producto era básico, sin personalidad, y podría pasar fácilmente por ser de una cadena como Gap o J. Crew. Su lema de que el nuevo Abercrombie & Fitch era *All About Sex* –todo lo relativo al sexo– no dejaba de provocar asombro en la oficina central de The Limited en New Albany (Ohio).

Mike Jeffries tenía muy claro que Abercrombie & Fitch no podía hacer lo mismo que ya estaba haciendo Gap. Debía ser algo totalmente diferente. Paralelamente, la dirección de The Limited le transmitía una presión por crecer y multiplicar las ventas. En ese contexto, el dilema para Jeffries era que necesitaba generar volumen con un posicionamiento muy enfocado y de nicho. «Menos será más», pensó.

Wexner dio el visto bueno a los planes de Mike Jeffries, y la máquina de *marketing* y producto empezó a ponerse en marcha. Al nuevo directivo le servían las tiendas existentes, decoradas como un refugio de caza, aunque el producto sería muy diferente al que había entonces.

Las líneas maestras de su nuevo concepto consistían en buscar la diferenciación atrayendo a una *tribu* global de jóvenes que adoran el estilo de vida libre americano. El sexo era utilizado como un ingrediente muy visual para atraer la atención. Jeffries pensaba que para vender más no hay que hacer lo que todos hacen, o crear algo que atraiga a todo el mundo, sino precisamente todo lo contrario...

Además, en su intención de posicionar el nuevo A&F como la marca *übercool* –hiperfresca–, se debía apelar a sentimientos y no a la razón. Las ventas no deben ser racionales, sino impulsivas. Los compradores debían ser evangelizadores de la nueva religión de la marca. Un elemento clave en su nueva concepción de tienda era apelar a todos los sentidos posibles:

- **Visual**, mediante chicos y chicas muy guapos en toda la tienda, y los *displays* de ropa con poca luz;
- **olfativo**, a través de un ambiente muy perfumado;
- **táctil**, con un *visual merchandising* que favorece el continuo contacto con la ropa;
- **auditivo**, mediante una cuidada música que se sale de lo común y que anima a acompañar en el baile a los guapos vendedores;
- **gustativo**, en algunas tiendas, al principio había degustación gratuita de frutas y zumos. Esta práctica se abandonó enseguida, pues se consideraba que no era necesaria y complicaba las operaciones de las tiendas.

Con el tiempo, una vez estaba rodado su concepto, Jeffries definió a A&F como *casual luxury*. De esta manera se defendía de los que argumentaban que su producto no dejaba de ser un *commodity* con logos y grabados distintivos.

Mike Jeffries tenía claro que había que tematizar la tienda y el producto, buscando un paraíso para A&F. En origen la marca neoyorkina, creada en 1892, se dirigía a la clase alta y dirigente del país que pasaba los fines de semana en sus residencias de los Hamptons. Todos estos atributos sirvieron para crear un imaginario de marca que inspiraría todas las colecciones que se lanzaran a partir de ese momento.

En el momento en que el nuevo A&F empezó a rodar, con mucho éxito en todos los estados, Jeffries pensó en el siguiente paso. Su idea era crear conceptos que complementaran, y no canibalizaran, las ventas de la tienda madre. La primera submarca que se creó fue abercrombie. Lanzada en 1998, se dirige a clientes más jóvenes –de 7 a 14 años–, con una línea muy similar a la de la marca principal. De esta manera, A&F entraba en el lucrativo mercado de ropa escolar y empezaba a fidelizar a sus clientes desde una edad más temprana.

HOLLISTER fue lanzada a continuación, en 2000, y el *target* era el inmediatamente superior: alumnos de instituto –*high school*–. Quedaba justo por debajo del *target* de A&F, que apelaba al mundo universitario –*college*–. Decidió tematizarlo en la cultura del surf de Malibú y California, totalmente opuesto al imaginario de los Hamptons y Manhattan. Sin embargo, en su apelación a los sentidos y los ritos básicos de la tienda, era muy parecido a Abercrombie & Fitch. La experiencia de compra, por tanto, era muy parecida a la de esta, y los precios eran aproximadamente un 40% inferiores para polos y otras prendas comparables.

Como la pirámide de producto y conceptos de *retail* funcionaba como una máquina bien engrasada para entrar en múltiples mercados, Mike Jeffries se animó a lanzar un concepto más adulto que cerraba el círculo. De esta manera, se lanzó RUEHL No. 925 en 2004. Su *target* consistía en clientes postuniversitarios y la ropa era, consiguientemente, más adulta. En este caso, se apelaba al estilo de vida de Greenwich Village como fuente de inspiración que lo tematizaba todo. Se incluían básicos con mayor nivel de detalle, además de abundantes prendas y accesorios de piel. Los precios, para prendas comparables, eran hasta un 50% más caros que los de Abercrombie & Fitch. El entorno de tienda, sin embargo, repetía las claves sensoriales anteriormente mencionadas. Muchos clientes del target de RUEHL, que habían sido clientes sucesivamente de abercrombie, Hollister y A&F consideraban que RUEHL era un *dejà vu*, con productos muy similares y más cara.

Finalmente, en 2008 el grupo hizo su incursión en el mundo de la lencería para chicas mayores de 18 años con su cadena GILLY HICKS. Recrea el estilo de vida de Sydney (Australia). Las *teclas* que se tocan en este caso son parecidas a las de sus conceptos hermanos: perfume, música, ritos,... en definitiva, el *marketing* sensorial y el *retail ritual* aplicado a la lencería. En este concepto, Jeffries dio un paso más: se inventó una historia como origen de Gilly Hicks. «En 1932 la familia inglesa Hicks emigró a Sidney, Australia. En su casa colonial con estilo británico, la joven hija de los Hicks, Gilly, abrió una tienda de lencería». En la sala principal de cada tienda está colgado un retrato de Gilly Hicks. Algunos críticos consideran que esta historia ficticia simplemente convierte a la marca en falsa, pues no hay nada de australiano en la tienda.

El *retail ritual* de Jeffries. Elementos clave.

En el diseño de la experiencia de compra, Mike Jeffries fue tan cuidadoso como en la del producto.

- **Objetos de culto:** perfumes, como el mítico Fierce

- **Prendas rituales:** *Jeans* talle bajo, camisas y polos Muscle Fit, apretados
- **Lugares de ejercicio de rituales y experiencias:**
  - o entrada con espera en cola y foto con modelos,
  - o cola de probadores y experiencia de prueba,
  - o compra como ritual de *caza de mercancía*, transformando la experiencia frustrante de esperar, en placentera si al final obtenemos el *trofeo* deseado
- **Palabras mágicas** que a veces lanzan los empleados: *Wow*, etc.
- **Gestos mágicos:** bailes, caricias entre modelos, etc.
- **Iconos:** murales pintados, estatuas y fotos, maniquíes con torso desnudo, etc.
- **Rituales grupales:** estos rituales se suelen hacer en grupos de amigos o de turistas que vienen de lejos (Abercrombie & Fitch) o bien con padres (HOLLISTER)
- **Trato no comercial:** descuido aparente de la relación mercantil. Los vendedores-modelos no presionan para la venta, desconocen elementos clave como la hora de cierre, etc. *Casual approach* –trato informal–,...
- **Los clientes son evagelistas:** hay un antes y un después. Una vez se vive la experiencia Abercrombie, el resto de tiendas ya no gustan.

Esta ritualización consigue un doble objetivo:

1. Intensificar los lazos de unión de los miembros de la tribu
2. Extender la experiencia: cuantas más personas mejor, para capitalizar y maximizar las ventas

Concepción del producto y el *merchandising*

A&F tiene el control total sobre el diseño y la producción de su mercancía, sus tiendas y su *marketing*. Al invertir poco en anuncios, la compañía depende de la experiencia de compra para definir la marca. El propio nombre de la marca es un método de publicidad. Su logo o las palabras Abercrombie & Fitch están en cada elemento de la tienda, de forma que es fácilmente identificable y muy conocido.

La compañía regula estrictamente el entorno de la tienda, en un esfuerzo por proporcionar una experiencia consistente y placentera para los clientes, que se repite en cada A&F. Factores como el *visual merchandising*, la música y los olores no se dejan al azar. La compañía también especifica meticulosamente los detalles de iluminación, distribución, pantallas, *marketing* y enseres que tienen que ponerse y utilizarse en cada punto de venta. Además, cada tienda es rociada cada hora con colonia de hombre y dispone de la misma selección musical –producida para ellos–. Cada mes, las tiendas reciben una nueva descarga en su sistema de menú de canciones y tienen la orden de borrar el antiguo. El volumen del sonido se regula por parte de la compañía y no se puede modificar bajo ningún concepto, a pesar de que haya clientes que se han quejado por el alto nivel de decibelios.

El *visual merchandising* es gestionado de manera similar. Todas las semanas, cada establecimiento recibe dos guías de *visual merchandising*, uno para ropa de hombre y otro para la de mujer, que recogen las especificaciones exactas para ubicar las mercancías en la tienda. El *stock* que lleva más tiempo en tienda se acaba mezclando con las nuevas entradas, para dar una imagen siempre fresca y cambiante a clientes habituales cada vez que entran en la tienda, mientras que las nuevas prendas clave están generalmente situadas en la parte delantera, para tener una mejor exposición. La ropa está dispuesta para que los clientes puedan *sentir* los tejidos, contribuyendo a la experiencia sensorial ofrecida en la tienda.

La empresa dirige el *merchandising*, la distribución y las ventas asignando a cada tienda un nivel de perfil (de 1 a 5) y un nivel de volumen (curiosamente, de la A a la F). El nivel de perfil determina qué selección de la línea de ropa actual es enviada a cada tienda. El nivel de perfil 1 recibe todos los elementos actuales en todos los estilos y colores, mientras que las tiendas de niveles inferiores reciben menos mercancía, en un abanico menor de tamaños y colores. El nivel de perfil de una tienda es independiente de su volumen, ya que la cuota es a menudo dependiente del área disponible del espacio de venta. Una tienda puede tener diferentes asignaciones de perfil para hombre y para mujer –la ropa de mujer normalmente supera a la de hombre en una razón 2:1–.

Aparte de esto, la empresa tiene los *flagship*. entre las que se encuentran sus tiendas en la 5ª Avenida de Nueva York y las de Londres, Copenhague, Milán, París o Madrid.

Abercrombie & Fitch y la internacionalización

Mike Jeffries decidió que la clave para reforzar Abercrombie & Fitch era salir fuera a lo grande, a diferencia de otros conceptos de *retail* norteamericanos que solían preferir crecer en su propio mercado o, como mucho, en los vecinos y más seguros como Canadá e incluso México.

El proyecto de apertura de la tienda de la 5ª Avenida de Nueva York, en 2005, tenía detrás el plan de salir al exterior. Jeffries sabía que la competencia en su mercado es muy fuerte y que una manera de crecer y maximizar el capital de imagen, que se notaba por la gran afluencia de clientes extranjeros a sus tiendas de Estados Unidos, era mediante la internacionalización.

La compañía abrió sus primeras tiendas internacionales en Canadá (enero de 2006), abriendo dos tiendas A&F y tres HOLLISTER Co. A finales de 2006 se abrió una tercera tienda de A&F en el Toronto Eaton Centre. La empresa tiene previsto expandirse en Canadá, como si fuera mercado propio, y según vayan surgiendo oportunidades.

Su estrategia exterior sigue este patrón: abrir *flagship* para el concepto principal (Abercrombie & Fitch) y, a la vez, utilizar el concepto HOLLISTER como punta de lanza para saturar mercados en ubicaciones menos caras y en centros comerciales. De momento, fuera de Estados Unidos, la estrategia de tiendas grandes y que requieren grandes inversiones se tiene que centrar en las principales capitales del mundo. Más adelante, quizás se flexibilice la exigencia y veamos, como en Estados Unidos, tiendas de Abercrombie & Fitch cercanas a las de conceptos hermanos como HOLLISTER, con el riesgo de canibalización y saturación visual a los potenciales clientes.

Cuando Abercrombie perdió la camisa

La estrategia de expansión, se decidió en época de «vacas gordas». En 2005 había crecido un 26% en ventas en relación al año precedente. Tras unos años difíciles, en los que se achacaron las reducciones de ventas a factores de moda como que se llevaba la moda *skater* frente a la surfera, a mediados de los 2000 parecía que las tendencias de moda juvenil se dirigían al tipo de ropa que conoce bien A&F: *preppy* y surfero. Sin embargo, tras un año estrella en 2005, los incrementos de venta se moderaron mucho en 2006 y finalmente en 2007 y 2008 fueron negativos. En 2009 se perdió casi un cuarto de las ventas en relación al ya malísimo año 2008. ¿Qué cabía hacer?

Las malas ventas llevaban a la necesidad de recurrir a promociones y rebajas extraordinarias, que redujeron hasta en veinte puntos básicos el margen bruto. La acción se vino abajo. Para colmo, la prensa se cebó en los privilegios del jefe, como el uso privado del avión de la empresa, al que tuvo que renunciar tras ser compensado por la empresa con varios millones de dólares. El margen operativo de Abercrombie bajó en 2008 en 800 puntos básicos y los ingresos por acción bajaron un 44% en relación a su último año bueno, 2007.

Había miedo a un cambio sustancial en el comportamiento de los clientes, y que se pasaran a otras marcas menos explotadas y vistas o bien con precios menores como American Eagle Outfitters.

Con el plan de internacionalización a toda máquina solo cabía seguir adelante con las tiendas que ya estuvieran comprometidas y aceptar la voluntad de salir fuera como una forma de blindar su modelo de negocio. Se paralizaron temporalmente algunos proyectos, como el de Madrid, a pesar de haber «reservado» el local. Finalmente, A&F abrió su tienda en la calle Ortega y Gasset de Madrid (2011). Además, la empresa hizo una revisión de su portafolio de tiendas, identificando unas 200 que estaban por debajo de la expectativa de rentabilidad y que, al cumplir próximamente los contratos de alquiler, no se renovarían. Se comunicó al mercado que, una decisión tan traumática, reforzaría a Abercrombie & Fitch como una marca de prestigio.

Por otro lado, varios directivos de A&F reconocían que debía incrementarse el contenido de moda de la empresa, a medida que se saliera a mercados donde los conceptos de *retail* dominadores de la moda como Zara o H&M predominaban. Incluso en el mercado nacional, marcas como Forever 21 estaban conquistando terreno en el segmento de población que podría comprar en A&F.

De hecho, la salida al exterior se veía en la empresa como una manera de forzar este proceso. Algunos ejecutivos, sin embargo, veían difícil entrar en un terreno pantanoso como el de la moda y recordaban la nefasta experiencia de Gap en este tema. Esta empresa coqueteó con la misma, *jugando a ser Zara* a finales de los años 1990 y principios de los 2000. El resultado fue que como era una empresa que no sabía hacer moda, ni su cadena de valor fue cambiada para tal empeño, sus apuestas fallidas ocasionaban incrementos brutales en los inventarios que fueron severamente penalizados por la bolsa. Este fue un factor clave para que su CEO, Millard (Mickey) Drexler fuera expulsado por el consejo de la empresa.

El campo de juego había cambiado. Nada que ver con los años del cambio de siglo, cuando operadores como Zara o H&M apenas habían entrado en el mercado americano, y otros locales como Forever 21 estaban en fase de constitución y crecimiento. El mercado local americano se saturó cada vez más con conceptos que aportan moda y precio, viéndose empresas como Gap o A&F en la necesidad de tirarse a la piscina e intentar que una parte de la colección se haga de manera flexible, siguiendo los dictados de la moda.

Michael Jeffries tuvo que reconocer, en un comunicado de prensa a principios de 2012 que, si bien sus más de cien tiendas internacionales eran más productivas y más rentables que las casi mil de Estados Unidos, las condiciones macroeconómicas mundiales exigían poner el freno en la expansión exterior. HOLLISTER será la única que siga abriendo tiendas, pero en menor medida, pues su modelo de expansión se realiza en centros comerciales y siempre puede conseguir condiciones ventajosas de las empresas dueñas de los mismos, tanto en alquileres menores como en contribuciones a la inversión. Para Abercrombie & Fitch se pone fin, de momento, a su expansión internacional a base de costosísimas *flagships* mundiales. ¿Cuánto tiempo puede aguantar una estrategia de contención del crecimiento internacional en una empresa tan dinámica como A&F, que además tiene la presión de la bolsa y un mercado nacional saturado?

El dilema

Como ya hemos dejado entrever, Mike Jeffries se encuentra ante el dilema de producto y de concepto. Si bien en otros momentos bajos de resultados –a finales de la década de 1990 y con el comienzo de la crisis mundial en 2007-08– supo encontrar la salida y continuar con el crecimiento, ahora será más difícil. La marca ya es muy conocida a nivel mundial. Sin embargo, las exigencias del cliente en momentos de incertidumbre y volatilidad son cada vez mayores. Se pide más por menos. ¿Será capaz Mike Jeffries de retocar su modelo de negocio?

Vemos a continuación un gráfico que resume este dilema. Por un lado A&F y el modelo tradicional de compra, que supone poca capacidad de reacción ante necesidades de mercado. Y por otro, el modelo *Fast Fashion*, en el que casi la mitad de la mercancía a la venta se compra en temporada, adquiriendo con más antelación únicamente lo que se considera básico.

Modelo tradicional de compra vs *Fast Fashion*

	6 meses antes	Comienzo temporada	En temporada	Saldo
A&F	45-60%	80-100%	+ 0-20%	30-40%
			Best Sellers-Cantidades	
Fast Fashion	15-25%	50-60%	+ 40-50%	15-20%
			Reposición + FRESH ITEMS	

¿Cómo reinventará Abercrombie & Fitch su modelo? ¿Está agotado el modelo de *retail tribal*? ¿Presta más atención el cliente al producto en sí, sin dejarse llevar por la experiencia de compra de A&F? ¿Ha pasado la marca de moda y habrá que centrarse en producto de moda? ¿Se crearán más conceptos ligeros en inversión de capital para poder abrir más tiendas rentables?

Caso Zara

Los orígenes de un hombre inquieto

Amancio Ortega siempre dice que su universidad fue trabajar en las tiendas desde los 13 años. Lo tuvo que hacer por necesidad familiar y en ello se aplicó trabajando duro, escuchando mucho y aprendiendo las claves de cómo funcionaba el negocio textil en los años 60 del siglo pasado. Se *graduó* en la mejor mercería de La Coruña, La Maja.

Los dueños de La Maja prestaban mucha atención a las sugerencias del pequeño de los Ortega, que les propuso hacerse cargo de la confección de prendas con telas de la tienda y mano de obra aportada por Primitiva, la mujer de su hermano Antonio, que era modista. Los resultados fueron positivos y en ese preciso momento Amancio, que no estaba dispuesto a regalar el valor añadido de sus iniciativas, dejó su trabajo como dependiente para dedicarse a la fabricación del producto. En diez años de experiencia había hecho contactos con fabricantes de tejidos catalanes –le dieron acceso a precios de mayorista– y había acumulado una interesante cartera de clientes propios.

Empezó fabricando diferentes tipos de prendas y sobre todo las famosas batas de boatiné, tan vendidas entre las amas de casa de la época. Se comenta como anécdota que como los cuellos y algunas partes de la batas no acababan de quedar bien, se hicieron varios viajes exploratorios a Barcelona para ver *in situ* el producto en los fabricantes y adquirir el *know-how* necesario.

El hecho de entrar en fabricación en 1963 tuvo un punto de valentía, puesto que se pretendía fabricar en serie y estar al nivel de lo que venía de la industria textil de Cataluña, sin una gran experiencia previa y sin que hubiera en la región un *cluster* de empresas textiles que facilitaran el lanzamiento de nuevas iniciativas como esta. Diez años después, en 1973, la empresa contaba con quinientos trabajadores, había absorbido las operaciones de aprovisionamiento y distribución y también había contratado un equipo de diseñadores. Le quedaba el último asalto: abrir tiendas.

La fabricación y la aparición de Zara

Fue en 1975 cuando Amancio Ortega pensó que su empresa podría hundirse. Un cliente alemán canceló un gran pedido en el que Amancio Ortega había invertido mucho capital. Fue entonces cuando, por angustia, pensó en montar una tienda para vender él mismo la ropa, y la llamó Sprint. Según el dueño de Zara aprendió que «hay que tener cinco dedos tocando la fábrica y cinco dedos tocando el mercado».

Esta mala experiencia sirvió para forjar uno de los puntos clave de su ADN: no se puede trabajar con mucho *stock*, por el riesgo que supone. Sus tiendas, pronto renombradas como Zara, trabajarían con poca mercancía y la fabricación tendría que ser muy rápida, de manera que se pudieran abastecer de nuevas líneas de producto y de la reposición de las que venden bien.

Este segundo paso de Amancio Ortega fue igualmente muy valiente pues iba a contracorriente. Su manera de trabajar estaba alejada de lo que hacía El Corte Inglés o Cortefiel, comercios destacados en la época, más apegados a la ropa *de vestir* y con altos márgenes comerciales. ¿Cómo era posible que se lanzara un nuevo modelo de negocio desde una esquina de la península ibérica, en un mercado pequeño y de provincias? ¿Cómo se podía crear un negocio en torno a la idea de *moda rápida*, concepto que no existía? Ortega rompió todas las reglas: creó una empresa textil en una zona sin tradición industrial en ese ramo, alejada de los grandes mercados (Madrid, Barcelona, Europa,...) y de las rutas logísticas más importantes, que no contaba con grandes universidades ni escuelas de negocio que hicieran fácil reclutar talento que hiciera posible tamaña innovación. Ortega pensó en lo imposible y lo hizo posible.

El tiempo dio la razón a Amancio Ortega, pues los mercados se fueron haciendo cada vez más volátiles, los consumidores más exigentes, más caprichosos y menos estables, y todas las empresas que seguían el patrón de empresa habitual, comprando el producto con seis meses de antelación, presentando las colecciones, entregándolas en tienda, etc., entraron en decadencia frente a modelos disruptivos como el de Zara.

Expansión nacional e internacional

En sus primeros años de vida, Zara llevó a cabo una expansión gallega: La Coruña, Vigo, Lugo, Santiago, Orense... (1975-1980). Después, en los primeros años ochenta sus establecimientos fueron llegando progresivamente a puntos más alejados, primero del área noroccidental de la península –expansión Nacional VI– y más tarde a toda la mitad septentrional. Entre 1983 y 1986 se abrieron las primeras tiendas en las principales ciudades españolas: primero en Barcelona y luego en ciudades como Madrid, Valladolid, Zaragoza, Sevilla, Valencia, Bilbao y Málaga.

En diciembre de 1988 se produjo la primera apertura internacional, en concreto en la ciudad portuguesa de Oporto, cuando Zara había superado ya las cincuenta tiendas en España. Portugal, a estos efectos, era como *jugar en casa* para una empresa gallega, tan próxima al mercado portugués.

A partir de aquí vino el gran salto: en 1989 y 1990, respectivamente, las aperturas en Nueva York y París, que supusieron una inflexión significativa en el proceso de expansión. En ambos casos se trataba, además de dar los primeros pasos en dos importantes mercados internacionales, de obtener también un retorno en términos de imagen y aprendizaje corporativo a todos los niveles, situando a Zara en dos de las capitales mundiales de la moda y teniendo que pegar un estirón en todos los departamentos para ponerse a la altura necesaria.

En 1985, se decide a reorganizar la estructura de empresas que fabricaba para Zara y, hasta entonces, para algunos otros comercios, y se crea Inditex (Industria de Diseño Textil). Para esta fase, Ortega recluta a José María Castellano, y se pone a trabajar en serio en un concepto de tienda exportable. Considera que el concepto de producto ha funcionado y que es necesario trabajar mucho más el concepto de tienda –diseño de muebles, escaparatismo, visual merchandising–. Amancio Ortega era consciente de que lo que había servido hasta ahora no le iba a valer si quería salir fuera, y que la empresa debía pasar a la siguiente fase.

A lo largo de la década de los noventa, Zara fue implantándose progresivamente en un número creciente de países, hasta alcanzar más de 80 en 2012. Como consecuencia de la incorporación de nuevas cadenas al grupo, en unos casos por adquisición –Massimo Dutti en 1991 y Stradivarius en 1999– y en otros por creación –Pull & Bear en 1991, Bershka en 1998, Oysho en 2001, Zara Home en 2003, Uterqüe en 2008–, cada una de ellas ha desarrollado su propio programa internacional.

El secreto de Zara

El deseo de Amancio Ortega ha sido siempre crear valor para el cliente. ¿Cómo lo hace y cuál es la razón de su éxito? Zara es un concepto de *retail* que vende tres tipos de moda: de temporada, rápida y básica. Su modelo se basa en atraer tráfico de clientes por la moda –con diseños que replican las tendencias mundiales de la temporada–, para vender fundamentalmente moda básica y rápida. Para ello es clave en su modelo la integración vertical, desde la compra de tejidos, la coordinación de la fabricación, la logística o las operaciones de las tiendas, en su gran mayoría, propias, no franquiciadas.

La producción se realiza en buena parte en sus fábricas –totalmente automatizadas– y la confección se subcontrata a talleres independientes, lo que permite una gran flexibilidad para incrementar o reducir la producción según la demanda.

Las tiendas están ubicadas en calles céntricas de las ciudades, son propiedad de la firma, teniendo así un control absoluto sobre su imagen y los datos relativos a la venta. Las tiendas son el mejor escaparate y anuncio de Zara, su imagen de marca es su tienda. Su información se transmite permanentemente a equipos de diseño y las tiendas reciben remesas de prendas regularmente en el corto plazo, agilizando la renovación de existencias. La mayoría de modelos (unos 30 000 al año) está en el mercado no más de dos semanas, así los consumidores compran mientras duran las existencias.

La clave del éxito de Zara es, por tanto, disponer de un sistema de respuesta rápida, una tecnología punta, tener gran experiencia en el punto de venta, anticiparse a la competencia, neutralizar el impacto de los cambios en los consumidores y, sobre todo, la naturaleza sistémica de su ventaja competitiva: su forma de operar y trabajar es la propia ventaja, por tanto, la más difícil de copiar. De hecho, cada uno de los puntos que destacan en su forma de trabajar está enlazado con el resto y, juntos, se refuerzan.

De ser una empresa de ropa barata en los 70, pasó a ser una empresa de pronto moda en los 80, a ser de *fast fashion* en los 90 y en busca de la sostenibilidad en los 2000, en un mundo cada vez más cambiante y difícil. ¿Cómo lo trata de conseguir la compañía, teniendo en cuenta su modelo y su presencia en tantos países, con una presión en el mercado y sobre los clientes tan significativa?

El modelo sistémico de Zara

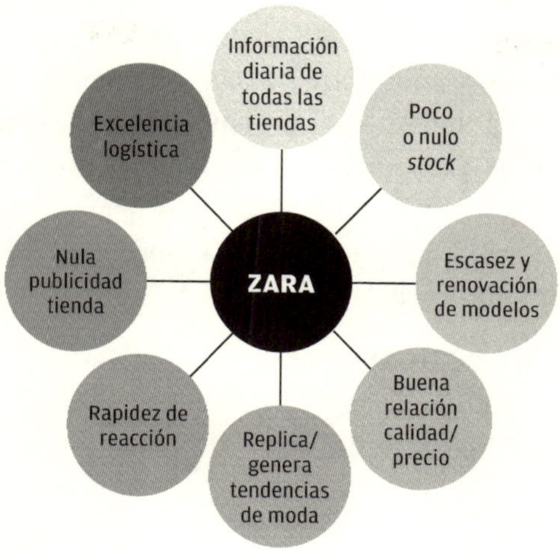

Las tres estrategias de implantación internacional

Podemos señalar las principales estrategias con las que Inditex ha venido afrontando el desarrollo de sus diferentes formatos comerciales en la entrada a un nuevo mercado: la implantación propia, el mantenimiento de *joint ventures* y la concesión de franquicias:

1. **Implantación propia.** El modelo vertical de la compañía está lo suficientemente desarrollado como para favorecer la gestión de las tiendas por el grupo. Este es el modelo más común que utiliza Inditex en la gestión de su fórmula de negocio. Este sistema de tiendas propias es el utilizado en la mayoría de los casos, por lo que otras fórmulas solo se toman en aquellos mercados donde los imperativos legales –o de otra índole– del país o bien las características del mismo hacen recomendable adoptar un modelo distinto de gestión.

❷ ***Joint venture.*** Los acuerdos de *joint venture* sostenidos con socios locales solo se adoptan en los países en los que las características, desde el punto de vista del negocio —como son el mercado inmobiliario o las especificidades de la actividad de distribución—, recomiendan contar con las ventajas derivadas de unirse con socios que aporten un conocimiento previo. Ha habido tres grandes mercados a los que se accedió mediante un acuerdo de *joint venture* con grandes empresas locales:

- Otto Versand en Alemania
- BIGI en Japón
- Gruppo Percassi en Italia

Actualmente, las operaciones en los tres países son propiedad al 100% de Inditex. La *joint venture* que hubo con Otto Versand permitió aprovechar la experiencia del grupo alemán en el sector de la distribución, así como su conocimiento de las condiciones particulares de uno de los mercados más importantes y difíciles de Europa. Gracias a ello la expansión en este mercado fue más rápida. De igual modo, en el caso de Italia, la *joint venture* con el Gruppo Percassi sirvió para aprovechar la experiencia de ambas compañías en el sector del *retail* y del mercado inmobiliario, este último, elemento determinante para el desarrollo y expansión de los distintos formatos comerciales en un mercado de difícil acceso como el italiano. Como únicos ejemplos actuales de *joint venture* se encuentran:

- el acuerdo firmado con el grupo Tata para entrar en la India
- Corea del Sur con el grupo Lotte
- Australia con Premier Investments

En todos ellos, Zara se garantiza una mayoría del capital y la posibilidad de salirse de la *joint venture* una vez pasado un período inicial.

3. **Concesión de franquicia.** En algunos casos las diferencias culturales, los riesgos asociados a la actividad económica en determinados países o el tamaño del propio mercado, desaconsejan la inversión directa por parte del grupo. La flexibilidad de las cadenas hace que pueda ser asumida la adaptación al modelo de franquicia. Este tipo de acuerdo se realiza con un solo socio para todo el país, socio que debe ser un gran grupo nacional con una consolidada tradición y experiencia en la distribución de moda. Además de estos aspectos, otro de los requisitos claves es la necesaria disponibilidad de unos recursos humanos, técnicos, financieros e infraestructurales que permitan el desarrollo con garantías de Inditex de una forma rápida y eficaz. El modelo de franquicia asumido por el grupo Inditex presenta algunas diferencias básicas con el tradicional, en cuanto que se lleva a cabo la total integración en el sistema de oferta, pedido y distribución desde los centros logísticos de las diferentes cadenas.

   Bajo este modelo, el franquiciado pone la inversión en activos fijos de la tienda y la contratación del personal para su gestión. Como compensación, se le otorga la exclusividad geográfica de la franquicia, por lo que no podrá haber otro franquiciado en la misma zona.

En el conjunto de las tiendas del grupo ha habido un aumento del número de franquicias de la cadena Zara conforme se ha desplegado la expansión. Pero, a la vez, el hecho de que el modelo predominante y preferido por Inditex sea el de tienda propia ha llevado a que recompre algunas de las franquicias que ha ido otorgando. Cabe mencionar los casos recientes de Serbia y Kazajistán para todo Inditex y el Benelux y Portugal para Massimo Dutti.

Caso Camper

Una familia emprendedora

El origen de Camper se remonta a 1877, cuando un zapatero mallorquín, D. Antonio Fluxà, tuvo la iniciativa de importar a Mallorca maquinaria británica para confeccionar zapatos de calidad. Tras reunir a un grupo de artesanos locales, creó en el pueblo de Inca una de las primeras empresas de zapatos de calidad en España. Con el tiempo, esta empresa crearía la marca Lottusse para comercializar sus productos. Los valores promulgados por el fundador se han mantenido firmes desde entonces:

1. Espíritu innovador,
2. amor por la artesanía y el trabajo bien hecho,
3. honradez,
4. austeridad,
5. y búsqueda de la calidad en sus productos.

La tercera generación de la familia creó una nueva marca en 1975, Camper, y aportó nuevos valores, un siglo después de la creación de Lottusse:

1. Creatividad,
2. búsqueda por la internacionalidad,
3. pasión por competir con los mejores, todo ello dentro de una marcada vocación de permanencia a largo plazo,
4. flexibilidad, sin vincularse a una fábrica, como Lottusse, y con el compromiso de subcontratar la fabricación y centrarse en el *marketing* y en el diseño.

La creación de una nueva categoría de producto

Camper se creó, en una etapa de profundos cambios sociales y políticos en España, como una marca que reflejaba nuevas tendencias en el sector de la moda y del calzado. Según el propio Lorenzo Fluxà, fundador de Camper: «Buscaba crear un nuevo tipo de calzado que no existía en el mercado: casual, unisex, confortable y siempre con diseño, con carácter propio y ligado a mis raíces mediterráneas y a los valores familiares de tradición y calidad». Se adentra en un terreno desconocido para las empresas de calzado de la época: lo que se empezó denominando *zapato fin de semana*, y que luego se llamó de *sport* o *casual*.

El concepto Camper, palabra que significa campesino en mallorquín, nace inspirado en el espíritu rural, la cultura y el paisaje mediterráneos. El gran exponente de esto fue su primer modelo: el Camaleón, inspirado en un modelo de 1928 usado por los campesinos de Mallorca, que era fabricado artesanalmente con retales de toldo de carruaje, trozos de piel recuperados de la fabricación de calzado y suelas elaboradas a partir de neumáticos usados.

Camper opta, desde el principio, por una comunicación provocadora para la época, reflejo de su espíritu innovador, y siempre con un toque de ironía y diversión. Se empieza a crear una filosofía de Camper, que se considera «más que una marca» de calzado: preocupada por la originalidad y la sostenibilidad de sus creaciones. En la empresa, se entiende que hay una forma de ser y hacer Camper, que todos los empleados deben seguir.

Como vemos, desde el principio se buscó el elemento diferencial, mediante la elección del nombre y la filosofía que representaba. Además, Lorenzo Fluxà se dio cuenta de la importancia de hacer mucho ruido mediante la publicidad, de manera que pareciera que era una marca mucho más importante de lo que realmente era.

La entrada en el *retail*

Tras unos comienzos prometedores, Lorenzo Fluxà observó que a principios de los años 1980 las zapaterías no eran el vehículo más adecuado para sus colecciones, y se vio en la necesidad de crear su propio concepto de *retail*. En definitiva, llegó a la conclusión, en una fase muy temprana, que no le valía solo la estrategia de crecimiento en el multimarca –*wholesale*–. De esta forma, en 1981 se abre la primera tienda Camper en Barcelona (calle Muntaner), laboratorio de ideas donde se hacen experimentos para configurar lo que será uno de los pilares estratégicos de la marca, la red de tiendas propias. A comienzos de los años 1990 Camper disponía ya de 25 tiendas propias funcionando en España, que daban buenos resultados y afianzaban su posición en el mercado nacional año tras año. Su imagen de marca y el producto reforzaban una posición en la que la competencia quedaba muy atrás. En ese momento, Camper había alcanzado una posición muy cómoda:

1. Amplia experiencia acumulada en su mercado, con presencia en el terreno y asistencia a múltiples ferias;
2. sólida implantación y distribución, gracias al trabajo de sus vendedores *wholesale*;
3. reconocimiento y fidelidad de sus clientes tradicionales, que buscaban algo más en un zapato y lo encontraban en Camper...

Pero, ¿era suficiente? Lorenzo Fluxà, que 15 años antes había sido capaz de identificar un *océano azul*, un mercado inexplotado en España, el zapato *casual* con un toque creativo y con denominación de origen mediterránea, se dio cuenta de que el mercado de la moda y, en concreto, del calzado se estaba globalizando y que había que salir fuera si se quería mantener la empresa en el medio y largo plazo. Comenzaba a percibir que otras marcas que operaban a nivel internacional estaban tanteando de manera seria el mercado español –en el canal multimarca– con vistas a un desembarco serio en *retail*. Además, en los múltiples viajes que Lorenzo hace a Estados Unidos, Europa y Asia, observa que cada vez hay más marcas que se dedican al segmento de mercado de zapato *casual*. Por otro lado, con la asistencia a múltiples ferias por parte de Camper, se percata que se minusvalora la marca y el producto por no tener una presencia internacional.

De esta manera, a comienzos de la década de los 90, coincidiendo con un momento en que España estaba en el punto de mira internacional (1992: Juegos Olímpicos de Barcelona, Exposición Universal de Sevilla, ...), cuando la familia Fluxà apuesta claramente por hacer de Camper una marca internacional.

La internacionalización

La aventura internacional no estaba exenta de dificultades. España era un mercado pequeño comparado con otros países europeos como Francia, Reino Unido, Alemania, Italia, etc. Para atacar, como quería Camper, con tiendas *flagship*, no bastaba, ni mucho menos, con los recursos económicos de explotación que generaba Camper en el mercado nacional, y la familia se vio obligada a hacer una aportación extraordinaria de capital para afrontar el salto al exterior.

Desde su expansión internacional Camper había mostrado tasas de crecimiento anual en sus ventas de dos dígitos. La firma sacaba a la luz cada año alrededor de 1200 referencias de producto diferentes, de las cuales unas 1100 eran novedades. De cada cien pares de zapatos vendidos, aproximadamente setenta se compraban fuera de España y el resto en el mercado nacional. Recientemente, Camper, que da empleo directamente a alrededor de 800 personas y de modo indirecto a más de 3000, facturaba en torno a los 200 millones de euros, como resultado de la venta de unos 3,5 millones de pares de zapatos a lo largo y ancho de todo el mundo.

La importancia del producto: el modelo Pelotas

Pelotas fue un producto concreto que supuso el espaldarazo definitivo a la carrera internacional que la marca Camper había iniciado a comienzos de los 1990. Hacia 1998 llegó el rotundo éxito de ese modelo, un zapato unisex que recordaba las antiguas botas de fútbol y que tomaba su nombre de las pelotas de goma que forman su suela.

El lanzamiento de ese modelo hizo que las ventas de Camper se triplicaran en dos años. Este diseño, reconocido en el mundo del calzado como uno de los más imitados en la última década, hizo que desde diversas partes del mundo, en principio muy alejadas de la marca Camper como Taiwán o Singapur, acudieran a la empresa interesados en abrir tiendas Camper y en disponer de sus zapatos.

Entre 1998 y el año 2000, se abrieron una treintena de nuevas tiendas fuera de España, desde Nueva York a Milán. Sin duda, este producto ayudó a Camper a establecer definitivamente sus propias señas de identidad en el mercado internacional, sirviendo incluso para relanzar y reforzar la marca en España. Este nuevo contexto permitió disfrutar de cierta estabilidad en el mercado internacional, así como de tiempo y recursos para subir un peldaño más, para seguir conquistando y seduciendo con sus productos nuevas ciudades del mundo.

El éxito del modelo Pelotas, así como de otros diseños, en muy distintos países, confirmó a la dirección de la compañía lo acertado de su estrategia de marca global, homogénea para todas las partes del mundo. No realizaban adaptación alguna de sus productos en función de los distintos países en los que eran comercializados; por otra parte no tenían el tamaño ni la penetración suficientes para hacerlo. En palabras de la dirección de Camper «nosotros pensamos que de entre unos ochenta millones de alemanes, por ejemplo, unos diez millones querrían dejarse entusiasmar por Camper».

La importancia de la tienda

Con los años, la empresa advirtió que si bien había creado un concepto de *retail*, y el mismo había servido para el desarrollo de múltiples puntos de venta, tanto en España como en el extranjero, todavía le faltaba mucho para ser una verdadera tendera. Predominaba la mentalidad de distribuidor *wholesale*, que vende la colección de manera anticipada, sirve el producto y se desentiende de la venta en la tienda. Le faltaba la fortaleza del *retailer*, que lo diferenciara claramente de su competencia. La mentalidad de tendero hace que se busque la manera de vender más dentro de la tienda, sin esperar a que el cliente conozca todo de el surtido y se autoabastezca. Para esto, la empresa desarrolló un programa de tres puntos que le diera un impulso en ventas y la diferenciara de su competencia:

1. **Formación del personal**: desarrollo de un programa de formación para que los vendedores de las tiendas tengan un protocolo claro de actuación con los clientes y sepan qué se espera de ellos cuando atienden.
2. **Espacio de tienda**: creación de un programa de diseños de tienda realmente diferenciado de la competencia. Con el Camper Together se inician colaboraciones con diseñadores industriales muy conocidos, que hacen series de un máximo de 5 tiendas, de manera que de todas las que se abren en el mundo siempre hay una gran variedad de diseños y no haya tiendas iguales. Esto ha conseguido unir el nombre de Camper al de la comunidad creativa mundial, que es uno de sus *targets* como clientes. Todo ello acompañado de un programa de comunicación de directrices de colocación de producto –visual merchandising–.
3. **Comunicación**: implantación de un mejor sistema de enlace entre producto y tienda, para que haya más información y fluya de manera más rápida. Camper es una empresa donde prima la creatividad pero, sin duda, debe atender a lo que

dicta el mercado en cuanto a gustos y tendencias para poder reaccionar tan rápidamente como sea posible.

El engranaje de *retail* en Camper

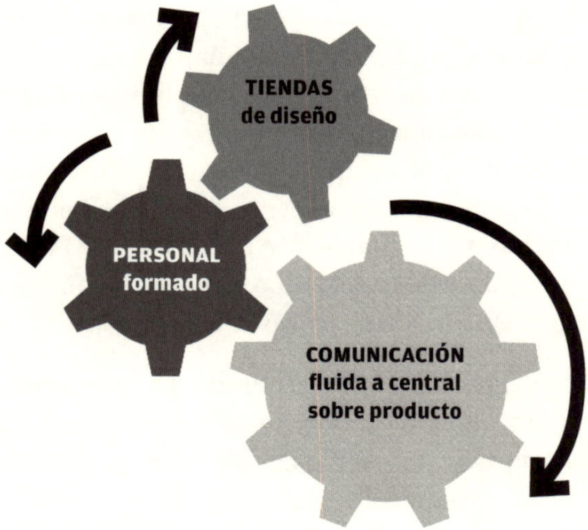

Con todo esto, enmarcado dentro de un cambio cultural que prima el *retail* sobre el *wholesale*, se está consiguiendo una expansión más rápida y eficiente de las tiendas Camper, y a la vez y como resultado de lo anterior, un servicio más completo y diferenciado a los clientes *wholesale*, de manera que ambas partes de la empresa crezcan y una refuerce a la otra.

Conclusiones

En primer lugar, enhorabuena si has llegado a este punto, deseamos que el libro te haya resultado interesante y útil. Queremos agradecer tu lectura y el habernos acompañado hasta aquí, en un viaje que sin duda creemos que te ayudará a mejorar tu punto de venta. Y si todavía no perteneces a este apasionante sector, esperamos haberte transmitido la curiosidad para que próximamente formes parte de él.

A lo largo del libro hemos tratado diferentes temas, unos más teóricos y sectoriales y otros más prácticos y de implantación. Queremos que este sea tu libro de cabecera, la guía práctica que te acompañe para estimular tus reflexiones. Y que lo vuelvas a leer al cabo de unos meses, para revisar los resultados de algunas de las acciones que hayas llevado a cabo. Sin duda, queremos trasladarte nuestra experiencia para que te lances a crear, innovar y aumentar las ventas de tu tienda.

Del libro queremos destacar:

- La importancia del método de las ***7 P del retail***, es la herramienta imprescindible para transformar hacia el éxito un establecimiento.
- Los **ejemplos de las empresas de éxito** que ilustran las explicaciones. Hay que fijarse en los que tienen éxito para aprender y reflexionar.
- Y por último, la influencia y el saber hacer de los **gurús del *retail***, que han convertido sus empresas en algo casi impensable, tanto para los directivos como para los consumidores.

Recuerda que para iniciar el cambio y mejorar debes empezar por ti. Tu actitud proactiva, tu mentalidad abierta y tu predisposición para innovar y adoptar cambios, harán que implantes con éxito la recomendaciones que te planteamos. **¡Tú eres la clave!**

Ten por seguro que la **pasión** y la **actitud** de los **gurús del *retail*** ha sido la clave para llevar a sus empresas a lo más alto. El *retail* es creativo, divertido y es un medio para hacer más felices a los demás. Apuesta por convertir a tus clientes en *fans* y comparte experiencias con ellos. En definitiva, disfruta con tu trabajo de *retail* y haz de él tu propio ocio.

Queremos seguir en contacto contigo, estamos abiertos a opiniones sobre el libro y a saber de tus vivencias como *retailer* e intercambiar ideas. Aquí tienes nuestras web y blog:

www.crearmas.com y www.retalent.blogspot.com

Agradecimientos

Mi trabajo en *retail* internacional ha supuesto estar alejado de la familia durante largos períodos de tiempo. Quiero agradecer la paciencia y comprensión de mi esposa, Marta, sin la que no habría sido posible este libro. En fines de semana, delante del cursor y con la pantalla en blanco, me inspiró y ayudó a encontrar el camino

Quiero agradecer a las escuelas en las que o bien he estudiado o ejerzo como profesor: ICADE, ESADE, IESE, ISEM, EADA, EAE, IDEC. Y a mis alumnos, porque sus aportaciones en clase son un continuo reto que me obligan a superarme.

A Amancio Ortega y a todos los profesionales con los que tuve el privilegio de trabajar en Inditex. Son la vanguardia del *retail* mundial y los mejores embajadores de la marca España.

Además, agradecer a mi compañero Jorge Mas, por su gran ayuda y determinación para la realización de este libro.

Finalmente, a los clientes, que con sus compras sustentan un sector clave en nuestra economía.

Luis Lara

***

Este libro es el resultado de la influencia que he recibido de todo mi entorno. Muy especialmente doy gracias a mi mujer Sara y a mis hijos Cristina y Sandro, por permitirme el tiempo necesario para poder hacer frente a todos mis proyectos. Sin su apoyo nada sería posible: «gracias por estar siempre a mi lado y apoyarme en todos mis sueños». También doy mi más sincero reconocimiento al resto de mi familia, tan importante en una empresa familiar.

A ESCODI –Escola Superior de Comerç i Distribució (Terrassa)–, a todo el claustro de profesores y a sus alumnos, que son una buena fuente de aprendizaje y ayudan a mejorar el sector.

Al mercado de la Boqueria (Barcelona), al IMMB –Institut Municipal de Mercats de Barcelona–, a FEGRAM y GREMICARN, por su excelente influencia en la parte más humana del *retail.*

Agradezco a las escuelas donde he estudiado –IESE, EADA, UB y ESERP–, ya que son y han sido una excepcional influencia personal y profesional, y una gran ayuda para mejorar mi visión empresarial.

A mis colaboradores profesionales y amigos, de los que he aprendido mucho y sigo aprendiendo.

Doy gracias a Bor, pequeño pueblo de la Cerdaña, por ser fuente de inspiración de este libro.

Agradezco a Luis Lara, por su compañerismo, su calidad profesional y humana, y por su coautoría en este libro.

Jorge Mas

***

Los dos damos nuestro reconocimiento a Virtuts Angulo y a Paco López, editores de Libros de Cabecera, por su paciencia y ayuda durante todo el proceso de elaboración de esta obra.

Notas

Hemos preparado este cuaderno para que tomes nota de todos tu sueños, ilusiones y aspectos que ayuden a mejorar tu cometido y además hemos incluido algunas frases inspiradoras.

«El éxito depende de cómo gestionamos la actitud frente a la vida»
Jorge Mas

«La única forma de tener un trabajo genial es poner corazón en todo lo que se hace» Steve Jobs

«Hay hombres que luchan un día y son buenos. Hay otros que luchan un año y son mejores. Hay otros que luchan muchos años y son mucho mejores. Pero hay quienes luchan toda la vida: esos son los imprescindibles» Bertolt Brecht

«Si no inculcamos en nuestros empleados el sentido de propiedad de la empresa, de que son corresponsables de los resultados, no importa la posición que ocupen, y de que vayan a ser justamente recompensados, nos faltará una clave para el éxito sostenible de nuestra empresa»
Luis Lara